普天之下・盡是好書

普天出版家族
Popular Press Family

凌雲文創
A Plus Creative Company

用幽默的方法，扭轉對方的想法

Humorous way
to say
your opinion

想讓對方改變想法，**不一定要凶巴巴**

《罵人不必帶髒字》
系列暢銷作家
文彥博 編著

激勵作家約瑟夫．紐頓曾經寫道：

「化解矛盾的最有效方法就是幽默。只要適時運用幽默的方法，就能避免彼此爭論、對立，而且可以使對方瞬間恍然大悟，理解自己犯下的錯誤。」

想要改變對方的想法，就要使用幽默的方法。幽默是最強大的征服力量，既可以讓對方卸下原有的心防，也可以緩和潤原本僵持對立的氣氛。

面對別人的反對、質疑或批評，與其激烈爭辯或惡言相向，倒不如選擇輕鬆因應，用幽默的方法表達自己的看法，唯有如此才能使對方打從內心改變那些錯誤的想法。

•出版序•

用幽默的方法，說出你的看法

你必須頭腦冷靜地控制自己的情緒，運用語言的藝術，尤其是以急中生智的幽默感，既指出對方的謬誤，又表達自己的意思。

中國當代作家王蒙曾說：「幽默是一種酸、甜、苦、鹹、辣混合的味道。嚐起來似乎沒有痛苦和狂歡強烈，但應該比痛苦狂歡還耐嚼。」

罵人不必凶巴巴，想讓對方明白是非也不一定要暴跳如雷。如果能用幽默的方法，表達自己的看法，對方的體悟必定更加深刻。

如果你光會用嘴巴罵人，通常會口不擇言，讓被罵的人認爲你滿腦子偏見又沒有修養，但是，如果你懂得動腦筋罵人，卻會讓被罵的人認爲你「對事不對人」，罵得很有道理。

罵人不一定要用髒話，開罵之前，一定要先動點腦筋，既指出對方的錯謬，又不致讓對方惱羞成怒。

漢武帝即位之後，開始討厭撫養自己長大的乳娘，嫌她好管閒事，事無大小都囉哩囉嗦，後來便決定將她趕出宮外。

乳娘在皇宮住了幾十年，當然不願離開宮廷生活，無可奈何的情況下，便向漢武帝身邊的紅人東方朔求助，希望他能幫忙說些好話緩頰。她把事情告訴東方朔後，東方朔安慰她說：「這沒什麼困難，只要妳向皇上辭行的時候，回頭看皇上兩次，我就有辦法了。」

東方朔以機智幽默著稱，是清朝大文人紀曉嵐最推崇的人物。

他深知漢武帝是乳母一手撫養大的，乳母對他的恩情勝似生母。但是，乳母也有不是的地方，喜歡多嘴饒舌，尤其是漢武帝即位後，已經貴為一國之君，她卻不知收斂，常常毫不客氣地指出他的缺失，使得他下不了台階。

但不管怎樣，乳母終究是乳母，雖有小過錯，還不至於非把她趕出去不可，因而東方朔決意幫助乳母。

到了送乳娘出宮的日子，乳娘叩別漢武帝後，滿眼淚水，頻頻回頭向武帝看幾次。這時，東方朔乘機大聲說：「喂！乳娘，妳點快走吧！皇上早已經長大，用不著妳餵奶了，妳還擔心什麼呢？」

漢武帝一聽到此話，心弦不禁一震，感到十分難過，想起自己是乳母餵養長大的，而且她又沒犯什麼重大過錯，就立刻收回成命，讓她繼續留在宮中。

東方朔不愧是處理人際關係的高手，如果他直接向漢武帝進諫，搞不好會使漢武帝惱羞成怒，反而把事情弄得更糟。

他採用「指桑罵槐」的策略，輕鬆地達成目的，可謂「罵人不帶髒字」。

其實，在現代的日常生活中，我們也屢屢見到令人滿或生氣的事情，然而，在某些公眾場合，或因爲事情的敏感性，或涉及某些身貴名顯的人，或考慮到別人的自尊心，不便公開地直接罵人，這時，「罵人不帶髒字」的批評方法就可以派上用場。

當然，罵人並不是面對事情的最好方式，有時以讚美、鼓勵的方式來激發對方的優越心理，也是不錯的「滲透」方式。

我們在日常的社交活動中，總難免遇到一些令人難堪的窘境和難以回答的問題。這時候該如何說話最恰當？

大原則應該是明辨事理，說話得體；該直言則直言，該含糊就含糊，該超脫就超脫。總之，從實際出發，視情況而定。但是，有一點要特別注意：當有人故意給你難堪，並使你的感情受到傷害，你可不要只顧著氣憤，更不要大發雷霆去硬碰硬，那樣只會使矛盾激化，鬧得兩敗俱傷。

當然，你也不可只張口結舌、滿臉羞紅，使對方覺得你軟弱可欺，那樣他可能會變本加厲地嘲弄你。你必須頭腦冷靜地控制自己的情緒，運用語言的藝術，尤其是以急中生智的幽默感去對付。

英國作家司各特曾經在《雜文集》裡寫道：「充滿機智的幽默是多麼艷麗的服飾，又是何等忠誠的衛士！它遠遠勝過詩人和作家的智慧，它本身就是一種才華，能夠杜絕所有的愚昧。」

當你面對一樁又一樁的惱人事情，面臨受也受不完的鳥氣，與其憤怒地破口大罵，還不如想辦法透過幽默的方法，婉轉說出自己的看法。

讓人發噱的幽默言談，往往更能讓對方深思你要表達的意思。

當你忍不住想要出口成「髒」時，不妨懸崖勒馬，改用詼諧的方式表達。用幽默心情面對週遭那些惱人的事情，不僅能讓自己保持輕鬆愉快，更可以保持和諧的人際關係。

最高明的罵人方式就是不帶任何髒字，但所說的話卻比髒話還要有效。想到達這個境界，關鍵就在於是否懂得說話的藝術。

本書內容著重於如何用幽默、婉轉的方式，既指出對方的謬誤，又表達自己的意思，希望能讓讀者在輕鬆閱讀的同時增強說話的功力。

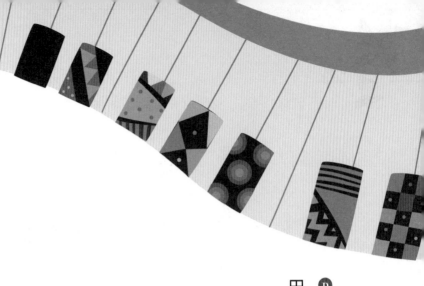

【出版序】用幽默的方法，說出你的看法 ●文彥博

PART 1
用幽默的心情，看待惱人的事情

用幽默的心情面對，所有煩擾的事將轉身變成生活的趣味；只要以一些些微笑面對，所有憂懼的事都能啟迪你的智慧。

PART 2

懂得借力使力，人生無往不利

真正聰明的人一開始都不是氣焰最盛的那一個，而是懂得察顏觀色，能將對方的攻擊轉化為自己手中武器的人。

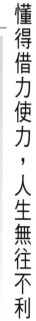

PART 3 用幽默的智慧替自己解圍

不必大剌剌地批評，無須用嚴苛的言詞來反駁，很多時候只需輕輕點出對方的小缺漏，我們就能為自己扳回一城。

PART 4

用幽默輕鬆溝通

和別人進行溝通時，不去惡意傷人，待人也絕不輕忽怠慢，自然能固守住我們的堅持，也能顧全我們不願傷害他人的心意。

PART 5

發揮智慧，就能靈活應對

無論是自救或救人，臨危不亂是基本，反應靈活是竅門，機智變通是要訣，只要把握這幾個要點，再大的危機都不過是小麻煩罷了。

PART 6 不肯認錯，小心自食惡果

犯了錯不妨給自己面對錯誤的勇氣，試著自我解嘲，要是明明犯了錯卻還要強詞奪理，推卸責任，終會自食惡果！

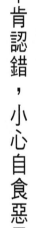

PART 7

用鼓勵代替冷言冷語

把心放寬一些，學會用鼓勵的方式來振奮人心，而不要用指責或苛責的話來刺激對方，更能激發對方積極向上。

PART 8

不要把機智用在掩飾錯誤

要找一個好的藉口理由來掩飾錯誤不難，但問題始終存在，終有一天總會揭開，我們也無可避免要面對。

PART 9

不管有沒有機會，都要幽默以對

別埋怨機會的優劣，只要盡全力表現，勤於變通思考，那麼看似平凡的機會，便有可能成為你跨入不凡機運的媒介。

PART 10

說話多點技巧，生活少些煩惱

與人交流要多用幽默技巧留下轉圜空間，才能在這複雜的現實社會中，瀟灑走過每一場紛爭，也輕鬆躲過每一個危機。

PART 11

難過的時候，為自己找個藉口

越難過的時候，越需要幽默，當彼此的關係惡化，不妨適時為自己也為別人找個藉口，緩和彼此心中的那些不滿情緒！

輯1.

用幽默的心情，看待惱人的事情

用幽默的心情面對，

所有煩擾的事將轉身變成生活的趣味；

只要以一些些微笑面對，

所有憂懼的事都能啟迪你的智慧。

用幽默的方式，指出對方的不足

最重要的還是表達的方式。透過幽默的方式，能讓對方更清楚地了解自己的不足之處，要是因此謙虛自省，未嘗不是件好事。

某一天，科學家戴辛寄了一份自己創作的劇本給影星凱薩琳・赫本。赫本在看完劇本後，便立即回信給他。

但是，當她坐到書桌前時，卻不知道該怎麼動筆比較妥當，只見她先是寫道：「親愛的戴辛先生，謝謝您送來這麼動人的劇本，非常感謝您。這劇本真的很有趣，只是……」

寫到這裡，她忽然停頓了下來，因為這些字句太虛偽做作了，於是她另外又拿出一張信紙，寫道：「親愛的戴辛先生，我很用心地看了好幾遍，但是，我實在不明白這劇本到底在說些什麼，實在亂糟糟的……」

赫本在這裡再次停了筆，隨手又抓了另一張信紙，第三次從頭寫起：「戴辛先生，我從來沒讀過這樣無聊而又令人喪氣的劇本……」

「不行！這樣太沒禮貌了！」赫本心裡想。

於是，她又重新改寫：「親愛的戴辛先生，承蒙眷顧，不勝感謝，只可惜我工作繁忙，無暇抽身……」

「不行，不行，我怎麼可以說謊呢？」

赫本停下了筆，望著桌上散亂的回信發呆。

後來，她和朋友們談起這件事情，朋友問：「那妳最後怎樣解決？」

她說：「最後，我只好把那四張信裝進同一個信封裡，一起寄給他看。」

如果你是赫本，你會怎麼回信給對方？

生活中，我們經常會遇到相似的情況，礙於情誼，也礙於人跟人之間的面子，說好聽一點是爲了避免再見面時的尷尬，說現實一點，其實是害怕自己得罪了人，因此每當他人徵求意見或是希望我們提出批評指教時，許多人總說得很模糊。然而，這樣的擔心會不會太多餘了呢？

其實，過分地拐彎、修飾答案，反而容易讓人產生誤會；反之，只要是誠懇地批評，並非存心找碴，真正有心求教的人終會聽見其中的重點，也自然會明白你的心意。例如，俄國畫家伊戈爾在一次與女友約會的過程中，女孩便曾給了他一個很直接的心得感想。

那天，伊戈爾第一次把女朋友帶回家中，為了顯示自己的才華，便將自己剛完成的幾張素描拿出來讓女孩欣賞。

「不錯，不錯，這幾張作品和我弟弟的水準不相上下。」女孩肯定地說。

伊戈爾聽了非常開心，連忙對女孩說道：「是嗎？我居然不知道你弟弟也是位美術專家呢！」

女孩一聽，笑著說：「什麼美術專家？他只是個小學三年級的學生啊！」

先給讚美，然後再直接點出其中不足，這是伊戈爾女友的應答，也和赫本最後決定將四張信同時寄送給科學家的決定有著異曲同工之處。該怎麼說，又該在什麼時候說，全都經由安排巧妙地傳達，這些幽默字句讓聰明人的生活智慧全然展現。

其實，無論我們怎麼選擇說話的時機，也不管我們怎麼琢磨意見和字句，最重要的還是表達的方式。透過幽默的方式，能讓對方更清楚地了解自己的不足之處，要是因此謙虛自省，未嘗不是件好事。

總而言之，無論是給意見的人還是尋求建議的人，都要有一顆眞誠的心。

人和人之間本來就不該有任何對立或仇視，更不該爲了一句眞心話而感到煩悶氣惱，何不換個角度說：「想有快樂生活、想更進一層樓，就把人們給的可怕批評視爲好意建言吧！」

用幽默的心情，看待惱人的事情

用幽默的心情面對，所有煩擾的事將轉身變成生活的趣味；只要以一些些微笑面對，所有憂懼的事都能啟迪你的智慧。

法國作家伏爾泰曾經遇到一位十分傾心於他的讀者，該位書迷為了表達心中的仰慕之情，洋洋灑灑地寫了一封長信傾訴他心中的敬仰。伏爾泰讀完信後非常感動，於是也提筆寫了封回函表示感謝。

然而，從這封回信之後，伏爾泰每隔十天就會收到這位讀者的一封信，而伏爾泰也照舊很有禮貌地回覆一封信給這名讀者，只不過回覆的次數越來越多，讓原本好意的互動變成了伏爾泰無謂的負擔。

於是，伏爾泰回覆的文字越來越短，直到有一天，他再也按捺不住脾氣，回覆讀者這麼一行字：「讀者閣下，我已經死了。」

沒想到幾天後，讀者的回信又到了，信裡竟這麼寫著：「謹呈在九泉之下的、偉大的伏爾泰先生。」

伏爾泰一看，立即回信道：「望眼欲穿，請您快來。」

讀到「請您快來」時，你是否也被這位幽默的哲學大師逗得哈哈大笑呢？

這是伏爾泰幽默的解決辦法，哲學家的脾氣雖然已經冒出火光，但是他仍然不忘修養，不以惡言相向，而是以幽默來回應，並暗示那名讀者該停筆了！

換作是你，你會怎麼回應那種棘手的情況呢？

哲學家們的思考角度向來獨特，很少直接給人答案或回應，總是喜歡把問題再丟回人們的手中，讓對方再想一想到底爲什麼。

咖啡癮嚴重的伏爾泰，聽見好朋友要他戒咖啡之後，便曾給他們一個十分巧妙的回答。

有天，有位朋友擔心地對伏爾泰說：「你別再喝這種飲料了，你不知道這是一種慢性毒藥嗎？你現在等於是在慢性自殺啊！」

「嗯，你的確說得對，我想它真是慢性的……」伏爾泰說到這裡頓了一下，接著又說：「不然，為什麼我喝了六十五年都還沒有死呢？」

在會心一笑的時候，你是否和伏爾泰的朋友一樣，讚歎他的機智幽默？」

閱讀名人們的小故事，總能啓發我們無限的思考，就好像這兩則伏爾泰的小軼聞，便給了我們十分深刻的啓示，讓我們明白：用幽默的心情面對，所有煩擾的事將轉身變成生活的趣味；只要以一些些微笑面對，所有憂懼的事都能啟迪你的智慧。

適時發洩，也是一種智慧

人不該老是企圖佔有，更不應該老是計謀著如何佔人便宜。萬一遇到勢利無知的人物，不妨試著發揮自己的智慧，適度地發洩發洩。

經濟情況不甚理想的義大利畫家皮德羅・安尼戈尼，當初被房東趕走時，曾忍不住回了一點「顏色」給房東，這故事至今仍讓人津津樂道。

事後，大畫家是這麼對朋友說的：「房東決定要將我租用的畫室賣掉時，我非常傷心，為了晚一點離開那個地方，我想出了一個好辦法。」

「你買了它嗎？」朋友問。

大畫家搖了搖頭說：「不是，當時我想如果牆上有幾條裂縫的話，那房子肯定不容易賣出去，因此我便在屋內畫了好幾條『裂縫』，其中又以從窗戶上面的天花板直通而下的那條最逼真。」

說到這兒，大畫家臉上露出了得意的笑容，接著又說：「沒想到，結果遠超出了我的預期，房東等了近兩年的時間都還賣不出那間房子呢！所以，如果你們問我，所有作品中哪一個最傑出，那麼我的答案絕對是那幾條裂痕。」

這是許多名人都曾歷經的苦況，因爲太投入創作或研究的天地，因而忽略了財務危機。然而，有更多人在面臨現實時，總不忘樂觀面對，好像皮德羅．安尼戈尼偷偷爲屋舍加工的動作，看似苦悶的發洩，其實飽含著藝術家幽默看待生活窘況的智慧。

沒有苦求房東延緩，更沒有埋怨生活清苦，他只是拿起畫筆，輕輕在牆上一畫，然後微笑地看著自己的「傑作」，其中甚至還隱含著嘲諷的意味，嘲笑人們竟分辨不出「僞畫」的玄機。

有天，莪大利音樂家帕格尼尼著急地招來一輛馬車，準備趕赴劇院演出，眼看就要遲到了，便謙卑地拜託車夫趕路一下。

「請問這趟車程要多少錢呢？」帕格尼尼禮貌地問著。

「十法郎。」車夫大聲地說。

「十法郎，您不會是開玩笑的吧？其他車夫可不是這個價錢呦！」帕格尼尼驚訝地說。

「當然不是開玩笑，你想想，你只用一根琴弦拉琴，不也要向每個人收十法郎嗎？」車夫反問道。

帕格尼尼聽完，冷笑一聲說：「那好吧！我很樂意付你十法郎，不過，你也只能用一個輪子把我送到劇院，而且得快！」

讀到帕格尼尼要求車伕用「一個輪子」前進，再想到安尼戈尼在牆上畫的那幾條栩栩如生的縫，想必讓不少人會心一笑吧！或許正是這樣非凡的創意巧思，讓他們無論遇到什麼樣的事情總能巧妙應對。

人不該老是企圖佔有，更不應該老是計謀著如何佔人便宜。萬一遇到類似勢利無知的人物，不妨試著發揮自己的智慧，適度地發洩發洩。

想要提昇自己的處世競爭力，就要懂得用幽默的方法說出自己的看法，同時用幽默的方法改變對方的想法。

出糗與批評，是每個人都沒有辦法逃避的人生考驗，勢利無知的人永遠會想辦法挖掘你的弱點，刺激你的缺陷，好讓你暴露出更多弱點，然後把你攻擊得體無完膚。

這時候，你必須學會幽默，因爲幽默的話語不只可以替自己解圍，同時也是有效的防禦工具。

運用智慧突破重圍

遇到麻煩別再等他人幫忙，因為你一定能為自己解圍的，只要你的思考多變化、多變通，自然不會再有坐困愁城的窘況了。

奧地利作曲家約翰・史特勞斯到美國演出後，立即擁有了許多樂迷，高大俊美的身材和紳士風采，以及捲曲且飄逸的長髮，更是迷倒眾生。

有位婦女甚至還想盡辦法向史特勞斯要得一束長髮，消息傳開後，人們紛紛向他索取頭髮作為紀念。

一時之間，樂迷們居然掀起了收藏「史特勞斯頭髮」的熱潮，而疼愛樂迷的史特勞斯也不負眾望，一一滿足了他們的要求。

不過，熱潮剛起時，有不少朋友十分為他擔心，擔心他一時興起，大方滿足了他的樂迷，卻讓原來最迷人的長髮變成一堆雜亂無章的短毛。

因而在他離開美國時，有不少人前來送行，其中便有許多關心他頭頂是否變樣的朋友們。這時，史特勞斯戴著帽子出現了，人群中有人便說：「唉，為什麼要送人頭髮呢？」

就在這個時候，史特勞斯忽然摘下帽子，然後揮著手向樂迷告別。在此同時，他們也看到了：「咦？他的長髮還好好地長在頭上啊！該不會他有什麼保養秘訣吧？」

其實，史特勞斯根本沒有什麼秘方，如果人們眼尖，肯定能發現他抵達美國時帶來的一隻長毛狗，如今只剩一身短毛了。

想像「長毛」變「短毛」，再想像樂迷們如獲至寶般的喜悅，你是否已經笑得不支倒地了呢？

追星族的癡迷和史特勞斯的機智形成了強烈對比，這不算是欺瞞的行爲，一切不過是單純的供需關係，也算是你情我願的互動結果。

而且從這解決問題的巧思中，史特勞斯其實也給了我們一個爲自己解圍的方法，那便是：「遇到麻煩別再等他人幫忙，因為你一定能為自己解圍的，只要你的思考多變化、多變通，自然不會再有坐困愁城的窘況了。」

在這方面，音樂家布拉姆斯也有同樣的智慧。

向來以抒情樂曲見長的布拉姆斯，譜出的每一個音符都像包含了某種魔力似的，總是讓聆聽者感動不已，甚至令年輕女孩們為之陶醉著迷。

有一回，布拉姆斯剛表演完下台休息時，才一坐定位，立即就被一群喜愛他的女樂迷團團圍住。她們熱情地讚美他的創作，有些女孩還不時搔首弄姿地想引起他的注意，然而面對這樣的「盛況」，布拉姆斯可是一點也不覺得愉快。

因為，這群女人們嘰嘰呱呱的聲音，擾得他心煩氣躁，雖然他好幾次想藉故脫身，但始終無法突破「重圍」。

最後，布拉姆斯只得無奈地取出一根雪茄，然後大口大口地抽起煙來。這一招果然立即見效，因為濃烈的煙味和煙霧讓她們非常受不了，有個女孩便忍不住嬌嗲：

「真正的紳士不應該在女士面前抽煙的喔！」

只見布拉姆斯的嘴角微揚，依舊老神在在地繼續吞雲吐霧，然後淡淡地說：「妳們忘啦！有漂亮天使的地方就應該要有祥雲繚繞的景象呀！」

好一個「天使」配搭「祥雲」的理由，爲了突破衆天使的「重圍」，找到一個可以輕鬆自在的呼吸空間，布拉姆斯最後想出了先「破壞空氣」再換「新鮮空氣」的絕妙辦法。

從「圈圈中央」飄散出裊裊煙霧，每一個女樂迷必定都會呼吸到這嗆鼻的煙味，但是提出抗議聲時，聽見自己被布拉姆斯形容爲「天使」後，又有誰會責備他的不是呢？於是煙霧慢慢散開後，忍受不了煙味的人只得慢慢地跟著「散開」，散到可以呼吸新鮮空氣的地方，至於布拉姆斯當然也藉著這些「祥雲」，替自己突破重圍囉！

看完這兩個風趣幽默的解決辦法後，你是否也學會了怎麼替自己解圍呢？

多開口，就可以順利交流

與其擔心説錯話而不敢開口，不如多説話，慢慢培養與人交流溝通的勇氣，才能在人際關係上有所突破。

恐懼發言的人很難培養出自信與表達能力，總是不肯開口説話的結果，心中的想法當然無法充分表達出來，如此一來，很容易讓別人心生誤解，進而造成不必要的緊張對立情況。

有個男子常常參與讀書會，雖然他很積極參與，卻從不曾開口講話。

哲學家狄奧佛拉斯塔見狀，有一天忍不住對他説：「如果你是一個傻瓜的話，那麼你的表現肯定是最聰明的；但是，如果你是一個聰明人，那麼你的表現無疑是最愚蠢的。」

狄奧佛拉斯塔想傳達的寓意其實是：「真正聰明的人知道什麼時候該選擇沉默，更知道要在什麼時候積極地表現自己。」

我們常說「多說多錯」，也因爲這個邏輯推論，讓很多人根本不敢表達自己的看法，甚至到了有勇氣表達時，往往「一說就錯」！

別以爲「少說少錯」就好，如果一說就錯，那麼不管我們怎麼減少開口的機會，一次又一次地說錯話，仍然對我們造成嚴重的傷害。反過來說，多說雖然多錯，但其中不乏說對話的時候，如果能善加利用，並用它來補強錯誤的說法，曾經的「錯」就能慢慢地修補成「對」的結果。

其實，開口說話並不難，只要不是有心編織的謊言，或是有心傷人的毒話，只要能有一份誠懇溝通的心意，和用心思考之後才回應的答話，就有助於你我人際關係的順暢了。

如果你時常害怕自己在大庭廣眾下說錯話，那麼法國演員讓·加班的巧思妙語或者可以供你參考。

在第二次世界大戰期間，法國著名演員讓・加班來到紐約，當時有位記者問他：「請問，法國人對於他們的英國盟友抱持什麼樣的態度呢？」

「我們都支持英國，也反對英國。」加班說。

「怎麼說？」記者不解地問。

加班說：「那些支持英國的人，每天晚上都是這麼祈禱的：『親愛的上帝啊，請讓那些勇敢的英國人快點獲得勝利吧！』至於那些反對英國的人，則是這麼祈禱的：『親愛的上帝，請您讓那些醜惡的英國人贏得勝利吧！』」

加班答案的重點是「贏得勝利」這幾個字。

就當時的情況來說，所有人心中盼望的只有「贏得勝利」，加班當然知道重點，然而他又不想遮掩國人對英國人複雜的心情，所以他讓答案轉了個彎，因而雖有一樣的祈禱、一樣的希望結果，可是就法國人的真實情感上來看，對於英國人的愛恨情仇也一樣地呈現出來了。

雖然加班的話語裡充滿了嘲諷，但是，當我們聽見這段祝福時，不是都只是輕輕一笑而已嗎？

換言之，能把話說得又好又巧的人並不多，說話偶爾「突槌」更是人人都會發生的事，所以與其擔心說錯話而不敢開口，不如多說話，慢慢培養與人交流溝通的勇氣，才能在人際關係上有所突破，也才是聰明人的做法啊！

再怎麼絕望，也要充滿希望

死亡的意象常與結束連接，但我們不妨將死亡朝正面積極的方向思考。正因為生死難料，我們更應該把握今夕今朝。

法庭上，法官問：「你就要被槍決了，有沒有什麼遺願啊？」

犯人回答：「有，我希望能穿上一件防彈背心。」

這犯人看來似乎比法官還要聰明幽默，不是嗎？

想要防彈背心當然不可能被應允，死刑犯必然也知道這個結果，只是，與其說出個平淡無奇的要求，不如給個讓人印象深刻的答案，或者還能增添一點樂趣，讓人留下一點記憶。

就像英國冒險家亞歷山大．布萊克韋爾一樣，雖然他的冒險故事爲人熟悉，但那些故事怎麼也比不上他臨終前的最後一句話讓人記憶深刻。

命運不濟的布萊克韋爾，晚年因為投資失敗而入獄，最後還被牽連進一起神秘的政治陰謀案件中，被判斬首極刑。

臨刑那天，布萊克韋爾被帶到鍘刀前，只見他把自己的頭偏擱在砧板上，劊子手一看，便對他說：「先生，你把頭擺錯位置了。」

布萊克韋爾欠了欠身，滿臉抱歉地對劊子手說：「不好意思，這是我第一次被砍頭，難免出錯。」

看了那麼多「第一次被砍頭」的犯人，卻沒有人像他一樣幽默機智，也因爲這個小插曲，讓原本看起來頗爲恐怖、可怕的結果，最終多了那麼一點趣味，反倒沖淡了死亡的悲情。

當然，無論是第一例的犯人還是布萊克韋爾，他們表現出來的終歸是一種垂死掙扎，然而小小的幽默在讓人不覺莞爾的同時，也有一番深省。若是前兩則故事不夠明白，那麼還有一名罪犯可以讓我們分享他的臨終心情。

有一名犯人被押上絞架時，忽然苦苦哀求著：「拜託你們，請把絞索套在我的腰上，不要繫在脖子上。」

行刑人一聽到這個令人啼笑皆非的要求，當然不予理會，動作依然照規矩來，這時犯人連忙解釋道：「求求你們啦！因為我的脖子特別怕癢，要是你們把絞索套在脖子上，恐怕會害我笑死。」

果真是怕癢？還是人們總得到了最後關頭才知道面對現實？

死亡的意象大都與結束連接，但是看完這幾則趣聞，我們不妨將死亡朝正面積極的方向思考。正因爲生死難料，我們更應該把握今夕今朝，用這種觀點來推動自己積極前進。

我們總勸人要樂觀積極，要忘記悲情，但是，面對一些容易記起灰暗角落的人來說，我們不妨試著借助這種灰色幽默的力量，讓他們相信心中的「黑暗」其實也富含著力量，教他們看見黑暗中的希望，讓他們習慣在黑暗中發現真實的自己。

慢慢地，他們也能懂得灰色幽默的趣味，也明白了在「悲觀反諷」的劇情背後，其實蘊含了更多生活動力。

要專注，也要理性看待所有人事物

無論是處事還是待人，多保持「冷靜」，也多一點「專注」，自然懂得如何用智慧，換得人們的信服與心甘情願的接納。

這天，有個人向毛拉請教：「請問，要怎樣才能成為一個真正的人呢？」

毛拉笑著說：「當你聽到聰明人在講話的時候，要能集中你的精神，更要把他說的話牢牢記在心中，並且付諸行動。另外，當你發現有人十分認真地聽你講話時，你一定要提醒自己，得保持冷靜的情緒和清醒的頭腦，知道自己正在講些什麼。」

與人溝通，不外乎這個兩個原則，聽人講話要能認眞聆聽，不論是否贊同，至少這個專心不會讓我們漏聽了對方的每一句話，以致於發生誤解或是帶來不必要的偏見和爭論。

反過來，當我們開口說話時，也要認真專注，更要隨時保持腦袋清醒，若不能冷靜分析、不能理性解題，就不能輕易開口說話，不然我們很容易便會被一句不經心的話，搞得心力交瘁。

與人溝通如此，處事更應該如此，就像下面這則判決事例。

為了能得到人們的同情，律師對法官另外提出一份資料：「法官大人，我的委託人在精神上有雙重人格的情況，想請您對我的委託人有多一點同理心，對他能再寬容一些。」

「是的，我也把這一點考慮進去了，我想，就給他的每一種人格判刑五年就好。」法官微笑地說。

帶著微笑接受法官的判決時，我們不妨想一想，聽見律師的請求時，你會怎麼思考，是大發仁心地點頭答應，還是就事實情況研判？

以上這兩則故事雖然簡單，但仔細想想，就會發現其中隱含深奧的哲理：「處理事情不能用感情解決，人事紛爭不能用情緒面對！」

故事中冷靜的法官做到了，毛拉也條理清楚地說給我們聽，那麼此刻的你是不是也悟出了其中訣竅呢？

別想得太複雜，生活的道理其實很簡單，因爲每人心中自有一把尺，能清楚分別是與非、對和錯，也能有正確的判斷。

無論是處事還是待人，多保持「冷靜」，也多一點「專注」，自然懂得如何用智慧，換得人們的信服與心甘情願的接納。

自重才能得到他人的敬重

與人交流，心底若少了真心對人的誠意，無論地位多麼崇高，也始終得不到人們的敬重。

與人交流若少了眞心誠意，就很難得到人們的尊敬。

其實，你怎麼看人便代表你是一個怎樣的人，認爲眼見的全是醜惡的人事物，那就代表你心中只有醜惡，沒有美善。

文藝復興時代，名畫家拉斐爾獲邀參與梵蒂岡教皇皇宮內的壁畫繪製工作。當時，畫家們對於這樣神聖的工作都十分重視，拉斐爾當然也是如此，以極為虔誠且恭敬的心，全力投入其中。

為了能完整呈現《聖經》裡的旨意，拉斐爾用心地理解與想像文本中的故事和智者之言，然後小心翼翼地在牆上勾勒出一條條清晰的筆畫線條。接著，透過拉斐爾的巧手，一個個宗教人物栩栩如生地呈現在大片的牆壁上。

有一天，兩位紅衣主教突然興致勃勃地前來觀看拉斐爾作畫的情況。

拉斐爾這時正站在支架上努力創作，由於長時間舉手作畫的關係，讓拉斐爾的手臂越來越酸痛，偶爾會看見他甩手的動作，只是作畫時間有限，不能稍有停歇，他只好忍著疼痛，吃力地繼續揮動手中的畫筆。

但紅衣主教們呢？他們抬起頭且皺著眉看著牆上的作品，看了好一會兒時間之後，其中一人忽然批評說：「唉呀！他怎麼把耶穌和聖保羅的臉都畫得這麼紅啊？」

「是啊，是啊，那顏色怎麼看都不大對勁！」另一個人說。

紅衣主教們的對話有些大聲，似乎有意要讓拉斐爾聽見。事實上，在這個偌大且安靜的空間裡，即便是一根小針落地也會有如大槌著地的聲音效果，那紅衣主教們的對話更有如雷聲巨響！

拉斐爾聽了紅衣主教們的批評聲後，雖然忍不住停下了畫筆，卻沒有轉身回頭看，只是背對著主教們，並以低沉的聲音回答道：「先生，我是故意這麼畫的，因為聖主們在天堂裡看見教堂被你們這些人管理時，心中甚感羞愧。」

聽見人們的批評聲時，你都怎麼看待又是怎麼回應的？

紅衣主教們的批評聲對照著拉斐爾沉穩且默默作畫的身影，讓我們更易比較出誰才是眞正的上帝子民，爲了能表達出心中的尊敬，拉斐爾努力地舞動手中的筆，再辛苦也不願放手，這心意任誰看了都爲之感動，不是嗎？

反觀這兩位紅衣主教們，以自己的身份爲傲，以爲穿了紅衣便與上帝最爲親近，事實上，他們的恣意批評和高傲自滿的態度，早就已經讓自己和上帝遠離了！

人與人之間交流不也是如此，心底若少了眞心對人的誠意，無論地位多麼崇高，也始終得不到人們的敬重。

當拉斐爾以「紅了臉的上帝」來反諷紅衣主教們的同時，也傳遞出這麼一個旨意：「一個小批評或許沒什麼大不了的，但是，你說出的話正代表了你的心——心底的醜惡與美善！」

用機智讓人們的嘲笑戛然而止

從幽默角度切入，以不同的事例省思，會讓我們更明白怎麼尋求「解決辦法」。贏得眾人的掌聲。

有一天，霍加騎著他那頭老驢子在街上閒逛，突然間，不知道什麼原因，這頭老驢子忽然向前衝去。

霍加來不及反應，未能抓緊繩子，被驢子狠狠地摔到了地上。

街上的孩子們看見這情景，一個個笑彎了腰，並叫喊著：「快來看呀！霍加從驢背上摔下來啦！哈哈哈……」

霍加這時站了起來，並拍了拍身上的塵土，然後對孩子們說：「孩子們呀！這有什麼好笑的，你們可要知道，就算我沒摔下來，也要從驢子身上爬下來，總歸一句，我還不是都要『下來』，那摔下來跟爬下來不都一樣嗎？」

若面對相同的情況你會怎麼解困，是和霍加一樣機智轉彎？還是自嘲活該沒有注意？又或是像個孩子一樣怒目斥責旁觀者沒有愛心？或者，無論哪一個答案你都曾試過，那麼仔細想想，你最喜歡的是哪一個呢？

其實，無論你會用哪一種態度或方法，只要能化解你心理的尷尬，都算是最好的方法。

又有一回，霍加對於鄰居們嘲諷他的妻子時，是這麼解決的。

有一天，鄰居大聲叫著霍加：「霍加，霍加，你快出來呀！」

霍加打開門，不解問道：「什麼事？」

鄰居依然大聲說著：「不好了，你的老婆失去理智啦！」

霍加一聽，沒有跟著緊張，反而沉靜地抬起頭望著天，似乎在想些什麼。

「喂，你在想什麼，快去看看你老婆啊！」這時，其他鄰居催促著他。

「我好心的鄰居們，是這樣的，我記得我老婆是沒有頭腦的呀！為什麼你們卻說她失去理智？嗯，這真是讓我百思不解，我得進去好好思考這個問題。」霍加搔了搔頭說。

充滿反思趣味的一句「記得老婆沒有頭腦」，看似在數落自己的妻子，事實上，那不也代表霍加早看透老婆大人不理智作爲的心思，或者我們也可以這麼說，霍加這句聽似嘲諷的話語，其實正透露著自己對老婆的包容呀！

想想現實生活中，若是哪個女人被鄰居向她老公投訴「瘋了」，十個有九個男人想必都會帶著嚴肅可怖的臉出現，跟著斥喝著要老婆快回家去，至於那第十個丈夫之所以不出面，不是像霍加一樣能冷靜看待，而是早懂得利用社會資源，撥「一一九」去求助了。

從幽默角度切入，以不同的事例省思，會讓我們更明白怎麼尋求「解決辦法」。跌倒時，別再哭紅了眼傾訴，不妨用微笑面對，然後我們便能知道怎麼用瀟灑自在的姿勢面對挫折，並再次贏得眾人的掌聲。

下一次，當人們對著你說「你老婆瘋了」或是「你老公真是個瘋子」時，你知道怎麼回應了嗎？

不清楚的話，不妨再聽一次霍加的智慧分享：「他到底是不是真的瘋了，恐怕只有他自己才知道，不過無論如何，我會用包容心去理解他，並保護他。」

輯2.

懂得借力使力，人生無往不利

真正聰明的人一開始都不是氣焰最盛的那一個，

而是懂得察顏觀色，

能將對方的攻擊轉化為自己手中武器的人。

吃了悶虧，不能自認倒楣

改變處世態度，即使是弱者也能威嚇他人。對於不講理的人，只有轉變態度與對方抗爭才能改變現狀。

雖然傳統教育教導我們的是凡事不斤斤計較，即使是對自己無禮、不尊重的人，也不能用同樣無禮的態度回敬。

然而，世間的人形形式式，有些人就算你不去招惹他，對他百般忍耐，他也會自己來招惹你。面對這種人，如果可以眞的做到完全不計較、不在意，那日子倒還好過；若只是自我安慰，欺騙自己毫不在乎他人如此對待，只是顯現出自己的懦弱而已。

要知道，對付「欺善怕惡」的人，最好方法就是以其人之道還治其人之身，甚至，有時候恫嚇也是一種方法。

才華出眾的德國作曲家華格納由於自視甚高，因此待人傲慢，以捉弄別人為樂。例如，當觀眾為他精采的創作而熱烈鼓掌時，他反而突然打斷掌聲，奚落大家說他的作品不是為了引起狂熱，讓聽眾尷尬不已。

只要是初次慕名到他家拜訪的人，通常要在客廳裡等上很長的時間。好不容易等到主人出現了，也要有大排場迎接他，才肯走下樓接待客人。這時，客廳的門會一下子突然全部打開，僕人站滿兩旁，好像他是一位國王，必須前呼後擁似的。

接著，他會帶著傲慢無禮的氣勢站在樓梯上，用鄙夷的眼神把客人從頭看到腳，讓人感到不舒服。

甚至他的穿著也會故意侮辱人，有時候，他穿著天鵝絨或緞子製的都鐸王朝時期的裝束，頭上戴著亨利四世戴的那種帽子，奇怪的裝扮常常讓客人覺得莫名其妙。然後，他才會解釋說，穿這種服裝是為了培養作曲時的靈感。

有一次，大作家大仲馬懷著崇敬的心情前去拜訪華格納，沒想到也受到了同樣的待遇。大仲馬雖然不高興，仍然耐著性子謙虛地說即使自己對音樂幾乎是一無所知，也明瞭華格納所作樂曲的美妙。但是從頭到尾，華格納臉上沒有一絲笑容，根本不理會大仲馬的話。

後來，大仲馬再也忍耐不下去，就立即告辭，憤憤離開了。回到住處後，他馬上寫了一篇諷刺文章，寄到巴黎一家報社。文中寫道：「華格納的曲子是噪音，靈感來自於黑漆漆的鐵器店裡一群貓的亂蹦亂跳。」

哪知文章還未發表，華格納便到大仲馬家拜訪了。這位一向傲慢的音樂家怎麼也想不到，自己也會遭到生平第一次的漠視。他不僅在休息室裡等了半個多小時，才被僕人帶到客廳，而且連一杯水也沒喝到。

又等了很久後，大仲馬才慢吞吞地走出來，頭戴羽毛盔，身穿插著鮮花的睡衣，還帶了一隻軟木的救生圈。

「請原諒我穿著工作服，」大仲馬神氣地說：「現在我的腦子有一半在帽子裡，另一半則在長統靴裡，我正準備穿上它，寫下一段愛情故事。」

大仲馬總算以其人之道報了上次的「一箭之仇」，可說是大快人心。類似華格納這種無禮傢伙能夠一直惡形惡狀地生存下去原因在於人們面對這種情況，常常是摸摸鼻子自認倒楣，而後無奈離開。

要知道，一旦改變處世態度，即使是弱者也能威嚇他人。

曾有個在婚姻中長期受到丈夫精神虐待的婦女，在某一次丈夫又開始欺負、嘲諷、她時，突然改變以往默默承受一切的可憐相，嚴厲地加以反擊。丈夫從來沒想到「儒弱」的妻子也有這麼「強勢」的一面，從此以後再也不敢小看她了。

吃了悶虧不能自認倒楣，軟弱、逃避問題，是無法解決事情的。對於不講理的人，只有轉變態度與對方抗爭才能改變現狀。

用智慧的語言使人際關係更圓滿

靈活地運用語言，幽默中帶有智慧，謹慎處理談話內容，體諒對方心情，對於開拓圓滿的人際關係，有著極大的影響。

最棒的談吐莫過於用長久累積下來的「社會智慧」進行問答，必須要懂得察言觀色，然後再作出適當的回答，如此在言詞方面不僅能夠體貼對方的感受，傳達關愛的感覺，還可以有效解決問題。

或許有人會認爲，要做到這點並不難，只要使用尊敬的口吻與人談話即可。只是，雖然禮貌是談話時重要的一環，但是使用的效果因人而異，因爲說話時口氣過於有禮，有時會讓人有種冰冷、不近人情的感覺。

因此，無論哪一種說話的方式，最好的選擇都在於「能夠讓對方接受」以及「站在對方立場」的言詞。

有一次，美國前總統雷根在白宮鋼琴演奏會上發表感言時，突然「碰」的一聲，第一夫人南茜女士竟不小心連人帶椅摔倒在台下的地毯上。

全場觀眾發出一陣驚叫，但是南茜夫人卻若無其事地爬了起來，坐回原位。這時，站在台上的雷根總統看見夫人沒有受傷後，便說了一句俏皮話：「親愛的，我不是告訴過妳，只有在我沒有獲得掌聲的時候，才需要這樣表演！」

兩百多位聽眾馬上報以熱烈的掌聲。

英軍總司令威靈頓公爵在滑鐵盧大敗拿破崙，凱旋返回倫敦時，舉辦了一場相當隆重而盛大的慶祝晚宴。這次宴會邀請了許多社會名流、貴族紳士，還有許多參戰有功的軍官和士兵。

當天的菜餚非常豐盛，到處洋溢著歡欣的熱鬧氣氛。宴會接近結束時，侍者在每一位客人面前擺上了一碗放著檸檬片的清水。在大家尚未進行下一個動作時，突然，一名士兵大大方方的將這碗水端起來就喝了一大口，見到這個情形，全場來賓都爆出笑聲。

原來，那碗水是在吃點心前用來洗手的，但是這位士兵出生於農家，根本不懂得宮廷裡的用餐禮儀，結果就鬧出了這樣的笑話來。

當士兵羞得滿臉通紅，恨不得挖一個地洞鑽進去時，威靈頓公爵突然站了起來。他端起身前的那碗洗手水，舉高向所有的來賓說：「各位女士、先生們，讓我們共同舉杯向這位英勇的戰士乾一杯吧！」

在一陣熱烈掌聲之後，大家舉杯同敬這位士兵。

雷根總統和威靈頓公爵不僅有很高的EQ，和幽默、厲害的說話技巧，更有豐富的「社會知識」。

一般人碰到身邊同行的人鬧出笑話時，第一個反應通常是想找個地方躲起來，當作不認識對方，或覺得很丟臉而窘迫不已。

雷根總統卻能巧妙化解尷尬氣氛，讓人激賞他的幽默；威靈頓公爵的人品與作風更讓人大爲感動，即使對一個小兵都能表現他對人的關愛。這也是他們能成爲人們信賴且願意追隨的對象的原因。

充滿和諧氣氛的說話內容，能夠使我們放鬆情緒、緩和神經，還能給予對方好感。善用詼諧的話語，偶爾自嘲一下，就能享受對話的樂趣。一個人說話的內容固然很重要，但是隱藏在言語底下的心思更爲重要。我們可以從對方說話的口氣、小動作、遣詞用字等地方，看出那個人的內在本質。

靈活地運用語言，幽默中帶有智慧，謹慎處理談話內容，體諒對方心情，對於開拓圓滿的人際關係，有著極大的影響。

投其所好便能輕易達成目標

說話要正中下懷，做事對症下藥。當順勢把一個人推上台階可以有利於自己時，那就不用太堅持事實了。

美國人際關係大師卡內基曾舉例，當你想釣一條魚的時候，不是用自己喜歡吃的東西去引誘牠，這樣魚兒是不會上鉤的；魚鉤上放的，一定要是魚兒喜歡的食物，這樣魚兒才會上鉤，才有可能釣到魚。

人與人之間的應對，也是相同的道理。人的眼睛和耳朵不會放過對自己有利的事情，因此，當我們希望引起一個人的注意，或者導引他朝自己設定的方向前進時，必定要懂得投其所好。

有一次，傑出的藝術家米開朗基羅應義大利佛羅倫斯市政長官的委託，將一塊巨大的大理石雕成人像。

米開朗基羅花了兩年多的時間，終於雕刻出一個英雄形象。

揭幕那天擠滿了觀看的人潮，布幕揭開的一刻，眾人都被高超的雕刻技巧折服而讚歎不已。唯獨市政長官將雕像端詳了一陣後，臉色不悅地說：「我不喜歡這尊雕像，它的鼻子太長了。」

米開朗基羅知道市政長官只是裝腔作勢，根本不懂藝術，於是馬上說：「先生，我立刻讓它改變形象，使您滿意。」

說完，他抓了一把大理石粉爬上雕像，煞有其事地在雕像的鼻子上敲來敲去，同時讓手中的大理石粉撒落下來，以示正在修改。

市政長官看了，高興地說：「太好了，你這一改，雕像好看多了！」

其實，他根本不知道，雕像還是原來的樣子，米開朗基羅只是略施小技，巧妙地保護了自己的作品而已。

有一次，英國偵探小說女作家阿嘉莎．克莉絲蒂，前去參加一個朋友的生日宴會。宴會結束準備離去時，已經是凌晨兩點了，克莉絲蒂一個人走在空蕩蕩的大街上，冷風襲來，心中不禁一陣顫慄。

突然，一道黑影閃到她的面前，一個男人閃著手裡亮晃晃的尖刀對她說：「您好，太太。我想您不願意死在這兒吧？」

「你要什麼？」克莉絲蒂很快反應過來。

「請您把耳環摘下來，太太。」

克莉絲蒂立即摘下耳環遞了過去。

「現在，我可以走了吧？」她一邊說，一邊故意用另一隻手合上外套的領子，將脖子蓋住。

強盜注意到了克莉絲蒂這個微小的動作，盯著女作家說：「請把您的項鍊也取下來，太太。」

「那不值錢，請讓我留著吧。」克莉絲蒂哀求道。

「廢話少說！快點拿來。」強盜把手中的刀在克莉絲蒂眼前晃了晃，惡狠狠地威脅著。

克莉絲蒂這才不捨地取下項鍊丟在地上。

強盜扔下耳環，撿起項鍊就逃了。

克莉絲蒂望著那人的背影笑了。她拾起地上的耳環，自言自語道：「不識貨的蠢東西，這副耳環才真正有價值，可值四百八十英鎊呢！被拿走的項鍊只值六英鎊十先令！」

有些人喜歡在眾人面前裝模作樣、賣弄知識，展現他的權勢。若他剛好是個不能得罪的人，我們也只能順勢推舟，滿足他自大的心理。就像米開朗基羅沒有一語道破對方不懂得藝術，反而讓市政長官覺得自己很有藝術涵養，也藉此保護了自己的作品。

克莉絲蒂更不愧身爲偵探小說名家，非常了解罪犯的心理。強盜要的就是值錢的東西，表現得愈捨不得，就顯示這個東西愈有價值，因此她反過來用較不值錢的項鍊釣強盜的胃口，才得以保住更值錢的耳環。

說話要正中下懷，做事要對症下藥，人的眼睛和耳朵不會放過對自己有利的事情，投其所好就能達成自己的目標。

當順勢把一個人推上台階可以有利於自己時，那就不用太堅持事實了，因爲對著一塊石頭講再多的話，它也不會點頭的。

態度體貼，對方就無法拒絕

人的慾望各不相同，唯有體貼對方的需求，才能博得他人好感，進而使對方接受自己的意見。

合作任何一件事時，想讓對方配合自己，除了必須使對方心甘情願之外，還要設法迎合對方的期望，這樣才有辦法達成自己想要的目標。

人與人的相處，不能只考慮自身的利益和立場，即使自己站在有理的一方，也要費點心思爲對方著想。將重點放在能爲對方帶來什麼好處，才能使事情有客觀的發展，也較易讓人有合作的意願。同時要使對方了解，決定權在對方身上，沒有任何人可以左右他。

有一次，英國首相邱吉爾和夫人克萊門蒂娜一同出席某位重要人士舉辦的晚宴。席間，一位外國外交官看見一只小銀盤，心裡很喜歡，就偷偷將銀盤塞入懷裡，這個小小的舉動剛好被女主人發現了。

為了顧及對方的面子，細心的女主人並沒有當面揭穿，但是她很著急，因為那只小銀盤是一套深具紀念價值古董中的一部分，對她來說非常重要。

不知道該怎麼辦的時候，女主人靈機一動，求助邱吉爾夫人，看看是否有比較好的方法把銀盤拿回來。

邱吉爾夫人略加思索後，便向丈夫耳語一番。

只見邱吉爾微笑著點點頭，隨即用餐巾作掩護，也「竊取」了一只同樣的小銀盤，然後走近那位外交官。

邱吉爾故作神秘地掏出口袋裡的小銀盤對外交官說：「我也拿了一只同樣的小銀盤，不過我們的衣服已經被弄髒了，所以應該把它放回去。」

外交官有點慚愧，但是仍然對此語表示完全贊同。於是，兩人就將盤子放回桌上，小銀盤就在平和、不動聲色的情況下物歸原主了。

美國總統羅斯福有一次寫信給衛爾·塔夫，信中充滿希望由他出任最高檢察長的意思，但是在這封信的結尾，羅斯福這樣寫著：「衛爾，這件事最後該怎麼做，決定權還是取決於你自己。就像當初沒有人替我決定，究竟該隨軍出征，還是留在首都做海軍次長？是做副總統，還是仍舊做州長？因為自己最懂得自己，外人的意見只是個參考。自己做出的決定，才是最正確且有把握的。」

塔夫收到這封信後，立刻就答應接任了。

「以退爲進」是羅斯福與邱吉爾待人的方式。他們並沒有強硬表達自己的意願，而是從對方的立場來爲他們設想。

邱吉爾以「共犯」的身分讓外交官明白偷竊是不好的行爲，這樣不但能保住外交官的面子，也可以漂亮的私下解決這件事。

羅斯福則非常了解人性，明白有時候強硬的命令反而容易讓人反抗，於是巧妙地換個方式，讓決定權回歸到衛爾·塔夫的身上。

此舉讓衛爾・塔夫有受人尊崇和敬重的感覺，即使原本沒有出任意願，也會信服這位有智慧的領導者。

人的慾望各不相同，每個人所重視的都不一樣。因此，與人交往要特別注意每個人的需求，唯有體貼對方的需求，才能博得他人的好感，進而使對方接受自己提出的意見。

以樂觀的態度走上人生旅途

樂觀的人比較有自信，就算碰到難題也會勇往直前，比起悲觀的人更敢於承擔事情的風險，當然成功的機會就比較大。

沒有生來不幸的人，只有選擇不幸的人。用積極的想法過日子，人生是彩色的；生活中只剩消極的想法，人生當然是黑白的。

面臨考試日期將近，樂觀的學生倒數日子時，會想著：「太好了！我『還有』這麼多天可以唸書。」

悲觀的學生則愁眉苦臉地嘆氣：「『只』剩下幾天而已，一定來不及的。還有那麼多書沒看完，大概也考不上了，乾脆放棄算了。」

就這樣，樂觀的學生加緊腳步，把握最後幾天作考前衝刺。悲觀的學生則連做最後總複習的心情也沒有，之前的努力不僅白白浪費，更因爲心理因素影響到自信，把該把握的分數也丟掉了。

有一次，一名新聞記者問大文豪蕭伯納：「蕭伯納先生，請問樂觀主義者和悲觀主義者的區別何在？」

只見蕭伯納撫摸著他引以自豪的鬍鬚沉思了一會兒，便回答說：「這很簡單。假設一個人在口渴又缺水的狀況下，正好看見桌上有一杯剩下一半的水，看見這杯水的人如果開心地叫喊：『太好了！還有一半呢！』這就是樂觀主義者；如果這個人只是哀愁地對著這杯水嘆息：『真糟糕！只有半杯而已。』那就是悲觀主義者了。」

巴爾肯是美國著名的社會心理學家，某次在宴會上他提出了一個建議，請在場所有人用最簡潔的語言寫出一篇「自傳」，行文用句要簡潔有力到甚至可以刻在墓碑上作為死後用的墓誌銘。

所有的人開始冥思苦想，遲遲無法提筆作文。

當大家頗為苦惱時，有一個年輕人卻迅速站起身來，交給巴爾肯一篇只有三個標點符號的自傳：一個破折號，一個感嘆號和一個句號。

巴爾肯充滿興致地問年輕人這三個標點符號各代表什麼意思，年輕人回答道：「一陣橫衝直撞，落了個傷心自嘆，到頭來只好完蛋。」

望著那位年輕人憂鬱的神情，巴爾肯沉思了片刻，提筆在這篇「自傳」的下方有力地寫了三個大大的標點符號：一個頓號、一個刪節號和一個大問號。

看著年輕人不解的神情，巴爾肯用鼓勵的口吻說：「青年時期只是人生一小站；道路漫長，希望無邊；豈不知『浪子回頭金不換』？」

人都有許多無可避免的煩惱，但是眞正擴大這些「痛苦」指數的，其實是自己。一件事情發生時，總是持負面想法的人會瞬間陷入谷底，活在自己的狹小空間中，腦子裡只有「一切都完了」、「人生再也沒希望」的聲音迴盪。就算面對的是不那麼嚴重的問題，也以爲世界即將毀滅。

跟悲觀的人相處，無疑是一件辛苦的事。因爲快樂的時候，卻看見一張苦瓜臉，那再怎樣快樂的人大概也笑不出來了，滿心歡喜被大打折扣，久而久之，任誰都會受不了。

樂觀的人比較有自信，就算碰到難題也會勇往直前，比起悲觀的人更敢於承擔事情的風險，當然成功的機會就比較大。

不管你怎麼想，地球依然運轉，太陽仍舊升起，事情並不會因爲抱怨而改變。那麼，何不讓自己輕鬆過日子呢？

與人相處，必須帶有堅持

對任何事情，都要有一定的堅持。「軟弱的人格」較容易招來失敗，因為這種人放棄了自己存在的價值，也容易失去信心。

人的性格，大致可分爲「強硬」與「軟弱」兩種型態，這兩種類型的人也容易因爲互補而湊在一起。但是，完全以「強硬」或「軟弱」的方式來處理人際間的交往，那就不是一個好現象。

個性強的人，通常以自我爲中心，雖然認同他人的意見，卻不代表會因此改變自己的看法和堅持；個性弱的人，則完全以迎合他人意見、維持和諧氣氛爲主，但是，相對的也容易失去自己的聲音。

有一次，俄國鋼琴家魯賓斯坦舉行個人音樂會，由於受到大家的喜愛，門票很早就賣光了。

就在演出即將開始時，助理為難地告訴魯賓斯坦，一位貴族太太堅持要見他，魯賓斯坦答應先見她一面。

貴族太太一見到魯賓斯坦便端起架子，一臉傲氣地「告訴」他，要他幫自己弄張門票來，即使魯賓斯坦向她解釋門票已經售光了也無濟於事。她仗著貴族的身分，認為自己應該享有平民沒有的特權，因此堅持要魯賓斯坦幫她拿到票。

魯賓斯坦雖然很無奈，還是很有禮貌地回答說：「夫人，現在只剩下一個座位。如果您願意的話，我非常願意奉送給您。」

貴族太太一聽喜出望外，以貴族傲視平民的態度說：「謝謝你，但是，我要坐在前面，我想這應該不會有問題吧？」

「是的，我這個座位是在前面，而且是在最前面。」魯賓斯坦用手指著舞台說：「就在舞台上，鋼琴那裡！」

貝多芬二十二歲那年，懷著對音樂的熱愛和迷戀之情，來到世界音樂的中心維也納居住。在這裡，一位名叫李希諾夫斯基的公爵對他的音樂非常傾慕，常常把他接進宮殿居住，款待他有如上賓一般。

貝多芬是個很重情義的人，自然很感激公爵的好意，可是，就在一次事件中，他和公爵鬧翻了。

原來，在公爵舉辦的一次宴會上，拿破崙部隊的軍官也前來赴宴。公爵對他們點頭哈腰，百般諂媚，還要貝多芬演奏樂曲來助興。視權貴如糞土的貝多芬斷然拒絕了公爵的兩次請求，非常瞧不起公爵的行為，即使外面下著大雨，貝多芬也全然不顧，憤慨地離開了公爵家。

一回到家，他便舉起公爵送給他的胸像，用力地向地上摔去，然後致函給公爵。「你之所以為你，是因為偶然的出身；我之所以為我，是靠自己的力量。公爵現在有，將來也會有，而貝多芬卻永遠只有一個。」

從此以後，貝多芬不再與公爵往來。

魯賓斯坦和貝多芬都可歸類爲態度強硬的人，兩人的差別在於魯賓斯坦的強硬中帶點柔和，貝多芬的強硬則不假辭色。

對任何事情，都要有一定的堅持。雖然個性強的人往往不會顧及他人的感受，直接表達自己的意見，可是，通常這樣的人也比較容易成功。

至於軟弱的人會顧慮東、顧慮西，最後放棄發言的機會。「軟弱的人格」較容易招來失敗，因爲這種人放棄了自己存在的價值，也容易因此而失去信心。

可是，並非強硬就是最好的，不是所有的事情都要堅持到底，有時候，倘若影響不大，順其自然就好。所以，最好的人際相處模式便是在強硬的態度中，加入適度的柔軟，人與人之間的關係才能達到平衡。

懂得察顏觀色，就不必巧言令色

善於利用語言，並不是代表做人就要巧言令色，而是要提高與人和諧相處、完善溝通的能力。

「說話」是人與人之間溝通的重要媒介，也最能直接表達一個人的內心想法。因此，如何將話說得恰到好處，有禮貌且貼切地運用詞彙，配合聲調的傳送，就成爲一種學問。

日常生活中，我們常常不自覺使用了不當的言詞。選擇言詞是一件非常重要的事，用得不美、用得不雅，用得不恰當，就無法打動別人的內心，最後蒙受損害的也是自己。

所謂「良言一句三冬暖，惡語出口六月寒」，說好話有如口吐蓮花，聞者清香見者舒暢，這樣的話才能說到別人的心窩裡。

英國維多利亞女王在位近六十年期間，是大英帝國繁榮鼎盛時期。這位才能出眾，頗有領導力的女王嫁給了她的表哥薩克斯．科巴格．戈薩公爵的兒子阿爾巴特。阿爾巴特原本對政治不感興趣，但是在女王的潛移默化之下，特也逐漸關心起國事來，最終成了女王的得力助手。

有一次，兩個人為了一件小事起衝突，阿爾巴特一氣之下就跑回房間，緊閉房門不肯出來。過了一會兒，女王前去敲門。

「誰？」阿爾巴特在房間裡發問。

「英國女王。」

回答完後，再也沒有任何回應，屋裡一片寂靜無聲，房門也沒有打開。維多利亞又敲了幾次，仍然沒有回應。這時候，維多利亞似乎感覺到什麼，又輕輕地在門上叩了幾下。

「誰？」房裡總算又傳出一聲回應

「是您的妻子，維多利亞。」維多利亞女王溫柔地說。

這時，門開了。

普魯士國王腓特烈二世有一天去視察柏林監獄。才剛踏入監獄，一群激動的犯人們紛紛跪在他面前，申訴自己的冤枉，又不斷表明自己是如何清白無辜。只有一個人默不作聲，靜靜地站在一邊。看見他不同於其他人的反應，腓特烈好奇地問他是為了什麼原因到這裡來。

「犯了武裝搶劫罪，陛下。」

「你認罪嗎？」

「認罪，陛下，我是罪有應得。」

聽完回答，國王向獄警招了招手說：「你過來，立即釋放這個罪犯，我不想讓他留在這裡玷污了這些清白無辜的人。」

人的類型有千百萬種，在這麼多不同型態的人裡，大致可以粗分爲「感情型」和

「理論型」兩大類。

面對感情型的人，用強硬的態度相待不如訴之以情，內心敏感的他們反而容易受到感動。因爲溫柔的話語比任何權勢逼迫都還要有效，一句「您的妻子」比「英國女王」更容易召回一顆心。

與「感情型」相較，「理論型」的人就較難動之以情。不過，只要他們認爲合理的事情，大多會表示同意，例如第二個故事中的腓特烈二世。會關進監獄的人，必定犯下某些過錯，口口聲聲說自己是冤枉的、清白的，難以讓人信服，所以倒不如勇於認錯，反而讓人覺得尚有可取之處。

善於利用語言，並不是代表做人就要巧言令色，而是要提高與人和諧相處、完善溝通的能力。適當的說話方式，必定能大大提高人際關係。

不拘泥法則，才活得怡然自得

人們總要在危難中才能激發潛能，經歷各式挫折與磨難，才能學會聰明的生存技巧，一味受盡保護，那麼生存的力量恐怕會越來越弱。

有個男子問農夫：「你們家的豬都吃些什麼？」

農夫說：「吃我們吃剩的東西啊，再不然就是人們不要的蔬菜和果子。」

男子聽了，滿臉不悅地說：「先生，這個答案要你挨罰了！」

農夫滿臉困惑地看著對方，男子繼續解釋：「你聽好了，我是本區的人民健康守護專員，因為你用營養不良的東西餵養供人們食用的動物，所以必須處以一萬元的罰金！」

不久，另一個穿著整齊的人走來問農夫：「哇，這豬真肥，請問你都餵牠們吃什麼食物啊？」

「魚翅、雞肝、海鮮之類的東西。」有了前車之鑑，農夫謹慎地回答。

「什麼？好，那你要接受處罰！聽好了，我是國際糧食委員會的人，你知不知道，全世界有三分之一以上的人口三餐不濟，但你居然餵養如此奢侈的食材，真是太過分了，今天我要罰你一萬元。」這個人說。

又過了數個月，農夫家出現了第三個人，這個人和先前兩個人一樣問農夫：「請問，這些豬吃些什麼啊？」

農夫聽了，無奈地說：「朋友，現在我每天都會給牠們十塊錢，牠們想吃什麼就自己去買。」

農夫從前兩次經驗中學到了教訓，答案雖然讓人啼笑皆非，但卻不失爲一個好答案，充滿機智巧思，看似無奈的應付，卻是人們爲了保障自己以求生存的智慧應對。

人們總要在危難中才能激發潛能，經歷各式挫折與磨難，才能學會聰明的生存技巧，反之，若是一味受盡保護，那麼生存的力量恐怕會越來越弱。

不拘泥法則，才能活得怡然自得，我們不妨再從一位猶太人的遺言中，一同深思生命生存的問題。

有個猶太人生了好幾個孩子，有一個是失明的。臨死前，他立了這麼一張遺囑：「我所有的財產只給那些身體健全的孩子。」

這遺囑的意思是，那個眼睛失明的孩子一毛錢也得不到，對此，不少人都責備他太不公平了。

然而，這個老猶太人卻說：「這很公平，因為我知道，其他人不管怎麼樣，都會幫我養活這個瞎了眼兒子。可是，其他的孩子，因為上帝保佑，他們將以健全的身體在社會中獨自且難以得到支援地奮鬥下去！」

猶太人的智慧常常引人深思，他們的思考角度總是與眾不同，在大多數人「理所當然」的角度裡，他們總是反向操作，這些反思互動常常讓人從中看見了多元的生命角度。

老先生決定不把錢留給視障的孩子，是因爲他了解人們具有「同情心」，知道以弱者之姿往往能得到人們的幫助與支援，無論走得多辛苦，只要需要幫助，總能得到人們的協助，而且那個視障的孩子自己也知道由於身體上的殘缺，所以「要比別人更加努力」！

反觀身體健全的孩子，因爲大多數人「理所當然」的思考，難以獲得人們的同情支援，所以老父親把一切留給他們。也因爲將一切資源都給了他們，所以他們再也沒有資格埋怨或放棄自己，而是要更加堅強獨立，知道珍惜機運，如果一切順利，更必須發揮友愛的心，照顧身障的兄弟。

當農夫用變通的答案應付酷吏，當老先生以逆向思考解開生存之道，一樣身陷困境中的人，是否也領悟出繼續生存下去的勇氣和智慧？

多引導，才能使孩子多思考

孩子提出問題時，與其直接給答案，不如引導他們思考，鼓勵他們勇敢地說出心中想法，即使答案不對也無妨。

現實生活中隨時有意外降臨，也難免有左支右絀的情況發生，當你的願望一時無法達成之時，與其一味抱怨、懊惱，不如用幽默的方法秀出自己的想法，讓彼此哈哈一笑。

小明很想要一部全新的電腦，父親帶著他到電腦商場逛逛，忽然小明指著櫥窗上最貴的一部說：「我要這一台。」

小明的爸爸看了，很為難地對他說：「孩子，這一部電腦可要花你老爸一整個月的薪水啊！」

小明點了點頭，乖乖地說：「沒關係，我可以再等一個月。」

每個孩子的心中一定會有數個希望、想望，然而面對現實情況，要如何不讓孩子希望落空，讓他們對夢想熱情不減，便考驗大人的智慧了。

一如小明的情況，經濟困難有經濟困難的解決辦法，不該一味地苦撐或硬擋，因爲那並不能眞正把問題解決，只是讓孩子多添錯誤的期待。

我們都知道，「結果論」的教育方式容易出現偏差，那不只無法培養孩子獨立思考的能力，還會讓孩子產生錯誤的價値觀。

教育孩子的話題總是說不完的，我們再看看下列故事中安娜的情況，也許能激發不同的思考。

安娜的兒子準備參加長達一個月的夏令營，臨行之前她一再叮嚀兒子：「記得寫信回家啊！」

孩子點了點頭，臉上卻是一副心不在焉的樣子。

鄰居太太看了，便對安娜說：「讓我教教妳吧！妳可以先寫信給孩子，記得上面要這麼寫：『我寄了一些錢給你，希望你能玩得痛快，也吃得暢快！』」

安娜聽了，有些懷疑地問：「這樣，他就會寫信回家了嗎？」

「當然！不過，妳要記住，千萬別真的寄錢給他。」鄰居補充道。

從安娜鄰居的處理方法中，我們學習到了引導教育的方法，想讓孩子寫信，就應著孩子的需要，技巧地以「漏了零用錢」引導孩子寄回家書。不管方法好不好，當效果達成，我們會看見孩子們的改變，或許是培養了寫家書的趣味，或許是懂得思考「父母」的重要性！

給孩子正確的價值觀和正確的生活態度，絕對比提供他們富足充裕的物質享受更爲重要，這才是他們一生受用不盡的。當現代父母親習慣了直接給予，極少參與孩子活動，我們不只發現親子關係越來越疏離，還發現大人們經常不經意地給了孩子錯誤的價值觀。

以小明的例子來解析，最常見的情況是，孩子的父親沒有第一時間進行溝通，只給「好」或「不好」的答案，不能藉機教育孩子「量力而爲」的重要，也未能及時引導他們省思生活的價值。如此，只會讓孩子在未來要花加倍的功夫重建生活的態度。

在孩子成長階段中，教育自然要多費心，若孩子提出問題時，與其直接給答案，不如引導他們思考，多要求他們從各種角度思考想像，鼓勵他們勇敢地說出心中想法，即使答案不對也無妨。

如此一來，我們才能眞正地看見孩子們的成長，也才能放心地期待他們爲自己闖出一片天地。

輯3.

用幽默的智慧替自己解圍

不必大剌剌地批評，

無須用嚴苛的言詞來反駁，

很多時候只需輕輕點出對方的小缺漏，

我們就能為自己扳回一城。

用幽默的方法對付「奧咖」

當你遇到「奧咖」，忍不住想要出口成「髒」時，不妨懸崖勒馬，改用詼諧的方式表達。

有一天，佩庫陪國王一起出外打獵，但一整個下午他們只狩獵到兩隻鴨子。國王看著鴨子，然後笑著說：「我晚上請你吃鴨肉吧！」

雖然國王這麼說，但是在晚餐前，卻這麼吩咐女僕：「今晚妳們給佩庫一碗蘿蔔就好，別放鴨肉。」

晚餐時，女僕果真只給佩庫一碗蘿蔔，碗內甚至連一丁點肉屑都看不見，但佩庫似乎一點也沒感覺，每吃一口就會說一次：「這鴨肉真香！」

第二天一早，佩庫很開心地對國王說：「陛下，我知道有個地方的鴨子非常多，我看一枝箭大概能射中十隻左右吧！」

國王一聽，連忙問：「在哪裡？快帶我去！」

隨即，國王興沖沖地跟著佩庫前往。

然而一到現場，看見的卻是一大片蘿蔔田。國王不解地問：「鴨子在哪裡？你不是說有成群的鴨子嗎？」

佩庫說：「陛下，您昨晚請我吃的鴨肉不就是這個嗎？」

有心捉弄佩庫的國王，大概沒有料到最後竟反被佩庫嘲弄了。

當然，這不過是單純的玩笑，彼此可以一笑置之，但若是別有居心地計較，恐怕就會令人非常不愉快了。

遇到這種老想佔人便宜的「奧咖」，你會如何表達自己的眞實想法？

話說有位貴婦邀請一位小提琴手到她家作客，表面上說是請人吃飯，事實上只是想請樂手來場免費的演奏。

「親愛的音樂大師，到時候您可以用我家各種事物想一首代表曲子嗎？例如，當您看見床時可以用〈搖籃曲〉，來到浴室時，我想來道巴赫的〈加沃特舞曲〉應該挺合適的；至於呈上食物時，來一首〈詩人與農夫〉應該挺不錯的，還有……」婦人技巧地向樂手提出種種要求。

宴會當天，小提琴手因為答應了貴婦的要求，因而從一進門便開始就為各式各樣的人、事、物演奏主題歌曲，幾乎沒有停歇。

經過長時間的演奏，小提琴手已經累得精疲力盡了，就在他剛演奏完這頓飯局的主題歌後，服務生呈上一杯表示感謝的熱咖啡，貴婦微笑地說：「非常感謝您！」

提琴手點了點頭，再度演奏了一曲德沃夏克的〈幽默曲〉，然而當他即將演奏到最甜美的那一音節時，琴聲忽然戛然而止。

貴婦立即板起了面孔，不高興地問：「你怎麼停在這麼重要的地方啊？」

小提琴手說：「夫人，那是因為咖啡不甜！」

爲了滿足貴婦的請託，小提琴手辛苦地構思、演奏婦人想要的樂曲，一路表演下來，小提琴手在最後也表達了他的心情。

咖啡不甜應是藉口，小提琴家停下音樂，是代表這是個「美中不足」的宴會。因爲，對小提琴家來說，貴婦的感謝是帶有算計與企圖的，「貪圖」這兩字便可以完全否定她的邀請誠意。

再多笑容也隱藏不了骨子裡的虛僞做作；不想誠心待人的人，當然也很難得到別人眞心相對。

當你遇到這種「奧咖」，忍不住想要出口成「髒」時，不妨懸崖勒馬，改用詼諧的方式表達。

因爲，脫口罵出一長串髒話，對心情和事情其實都沒有太大幫助，反而還會讓對方懷恨在心。相對的，用幽默心情面對週遭那些惱人的事情，不僅能讓自己保持輕鬆愉快，更可以保持和諧的人際關係。

相互尊重才是最好的互動

不願給人基本的尊重，別人當然也不會替你著想，人與人之間是互相的，你得不到某人的尊重，想必你也不願尊重對方。

在這個八卦風盛行的時代，許多人偏好的是新聞事件本身的娛樂性而非正確性；聽聞意外，許多人思考的不是以後怎麼避免，而是盼望著視覺上的刺激感！萬一你不幸成爲八卦事件的主角，該如何回應那些繪聲繪影的傳言呢？

一九二〇年，羅素到中國旅行時，可能是因水土不服，一到中國後就生了一場重病。養病期間，羅素拒絕所有媒體的採訪，沒想到這個拒絕動作竟引起了記者們的不滿，其中甚至有某國的特派記者，居然因此謊報羅素已經去世的消息。後來，羅素請人交涉溝通，要求該報社人員更正消息並登報道歉，但是卻被對方拒絕了。

羅素身體狀況一好轉便起程回國，在返國途中，正巧取道刊載假消息的報社所在的國家。這對該國媒體來說，當然是十分難得的機會，各家媒體自然不會錯過這個親近大師的機會，個個使出渾身解數，積極與羅素連絡，希望他能給他們採訪機會。

但是，羅素對於該國報社處理事情的態度非常不滿，於是請秘書發送一份他的親筆回函給那群想採訪他的記者們，上面是這麼寫的：「因為羅素先生已死，所以無法接受採訪。」

先不論羅素的回應，我們不妨先從媒體的反應來思考，記者們因爲得不到新聞便胡亂編造甚至惡意中傷的動作，實在有損傳播媒體的專業形象與職業道德；再從「人」的角度來探討，他們連最基本對人的尊重都做不到了，又如何能得到人們的信賴與肯定？

也因此，當羅素順著報社的「希望」，親自宣佈自己「死亡」之時，想必心裡感到非常暢快吧！

尊重才是最好的互動！不願給人基本的尊重，別人當然也不會替你著想，人與人之間是互相的，你得不到某人的尊重，想必也不願尊重對方，不是嗎？

哲學家們的思考角度，常常讓人深思不已，羅素這個看似報復的小動作，無疑是要給對方一個自省的機會。

日常生活中，我們難免會遇到相似的情況，當人們給予我們的回應滿是不悅或厭惡時，請先想一想，是否我們也曾給人相同的對待呢？

保持冷靜，才能走出困境

無論遭遇多麼頑固的對手，只要懂用幽默的方法說出自己的看法，自然能改變對方的想法，並在看似毫無出路的處境中另闢蹊徑。

不知道為什麼，自從前幾天一大早遇見比爾巴以後，國王就感覺不大對勁，不僅夜夜失眠，每天的菜色不管怎麼更改始終都不對胃。

「這一定是比爾巴的問題，不行，再這麼下去我肯定完蛋！」此刻的國王對比爾巴極不滿意，結果竟下令要處死爾巴。

然而，比爾巴一直以來都非常維護百姓利益，在境內，不管是穆斯林還是印度教徒都非常擁戴他。因而，當人們聽說國王將處死比爾巴時，全國百姓都湧到王宮前，請求國王赦免他。

「不行！比爾巴的臉上有不祥之兆，我一定要處死他！」

行刑前，國王再次向群眾說明事由。

就在這個時候，比爾巴接著說：「朋友們，那天清晨，國王因為見到我的臉而寢食難安，但今天清晨，我見到國王的臉卻要被絞死，請大家認真想一想，到底是誰的臉上有不祥之兆呢？」

「是國王，是國王！」群眾聽完比爾巴的話後，跟著便大聲地鼓噪起來。

「嗯，我因為清晨看見國王的臉便要被絞死，這麼說來，凡是清晨見到他的人豈不都要被絞死？就像你、妳，還有你！」比爾巴指著前方的群眾說。

吶喊聲越來越響亮，國王轉念一想，深怕自己落得罵名，連忙命人將比爾巴釋放，並送他不少財寶做為補償，用以肯定他過人的智慧。

在集權統治的古老年代，人們常說伴君如伴虎，那些跟在君王身邊的人們，常常沒來由地消失或受刑罰，被加上莫須有的罪名也十分平常。

因而大臣們在面對喜怒無常的君主時，除了要比平常人更具勇氣外，還要積極培養自己的膽識、機智，一旦危險降臨，要能臨機應變，不但要讓自己化險爲夷，更要替人解危。

某一天，國王又發怒了，無緣原無故地下令要絞死一名老婆羅門，大臣們雖然個個感到吃驚，但面對充滿怒氣的國王，個個都束手無策。

直到行刑前，比爾巴再度挺身而出，但國王沒等他開口，便質問他：「比爾巴，你要替他辯護嗎？」

比爾巴搖搖頭，說道：「不是，國王陛下，您說錯了，我絕對支持您的決定，只不過……」

「不過什麼？」國王追問道。

只見比爾巴竟笑著說：「陛下，我是想向您建議，您一定要將這個老頭子處死，還有，您一定要用比絞刑更嚴酷殘忍的刑罰才行，這樣才能嚴懲這個冒犯您的老頭子！」

聽見比爾巴這麼說，國王先是一愣，旋即便想到比爾巴又在嘲諷他了，最終只得將這名老婆羅門釋放，因為該國最重的刑罰只有絞刑。

聽出比爾巴的嘲諷嗎？想必聰明的你也已經聽出來了。事事都與國王站在相反立場的比爾巴，難得與國王站在同一條戰線上，最後用幽默的方法改變了國王的做法。

同理，無論你此刻正困陷在什麼樣的難題中，請先平撫你的情緒，並像比爾巴一樣冷靜地思考、分析問題，找出眞正有效的解決辦法。

眞正的智者知道怎麼面對眼前困境，更知道怎麼解決問題。

因爲無論遭遇多麼頑固的對手，只要懂用幽默的方法說出自己的看法，自然能改變對方的想法，並在看似毫無出路的處境中另闢蹊徑。

用幽默的智慧替自己解圍

不必大剌剌地批評，無須用嚴苛的言詞來反駁，很多時候只需輕輕點出對方的小缺漏，我們就能為自己扳回一城。

人與人之間難免會有意見相左的時候，在這個時候，你會怎麼與人溝通？是加足火力相抗？還是用幽默的方法表達自己的看法？

許多性情急躁的人在面對他人批評或與人意見不同時，常會忍不住以嚴詞相對，但事實上，這種砲火猛烈的攻擊卻時常比不上幾句話的四兩撥千斤。

某天，一位友人前來拜訪內勒，在客廳看見一幅內勒夫人的全身畫像。

友人仔細欣賞作品後，說道：「嗯，可惜畫像底部有一些爪痕，真是大大地破壞了作品的完美！」

內勒一聽，笑著說：「的確，不過我實在沒有辦法避免這件事，因為那是我妻子飼養的一隻小狗的傑作，那隻狗經常會用爪子抓住畫像的裙子，撒嬌著要主人抱一抱牠。」

「喔！原來如此。」客人明白地點了點頭。

這時，客人忽然想起一件事：「咦，聽說佐克西斯也曾發生這樣的事。佐克西斯有一回在一幅小男孩的畫像頭上，畫了許多栩栩如生的葡萄，由於葡萄十分逼真，以致於鳥兒們都飛來啄食呢！」

內勒還是笑著說：「是嗎？那要是他把孩子也畫得與葡萄一樣逼真，小鳥們就不敢來啄葡萄了！」

聽見朋友批評畫作上的爪痕缺陷，內勒一點也不覺得尷尬，反而驕傲地向對方解釋作品的逼眞；接著，當朋友提出別人也有這樣「逼眞」的作品時，內勒也聽出了對方有意較量。不過，內勒並沒有讓對方得逞，反倒從友人的話中找到那幅作品的缺漏，一句「如果男孩也逼眞」的話，機智地穩固了自己在人物畫的創作天分與地位。

想像著小狗在夫人畫像前熱情擺尾，並著急地要與畫中人互動時，未曾見過那幅作品的你，是不是也想像得到畫中人物的眞實感？然後，再想像另一幅被鳥兒啄得坑坑洞洞的佐克西斯作品，對照著內勒的結論，是否也讓你忍不住會心一笑？

幫自己解圍的最好方法正是如此，人與人之間的交流原本就有許多過招的機會，究其原因並不是人人都好與人爲敵，只不過是有些人就喜歡與人抬槓罷了，喜歡用這樣的方式來佔別人便宜，或是遮掩自己的缺失。

遇到這一類的人，我們便得學會用自己的智慧與修養來化解，不必大剌剌地批評，也無須用嚴苛的言詞來反駁，很多時候只需輕輕點出對方的小缺漏，就能爲自己扳回一城的。

用幽默的方法，說找出最佳解答

只要發揮「同理心」，順著對方心中的盼望解題，也順著人們希望的角度構思，自然能得出一個圓滿的完美結局。

面對別人的反對、質疑或是批評，與其激烈爭辯得面紅耳赤，倒不如選擇輕鬆因應，用幽默的方法表達自己的看法，唯有如此，才能使對方打從內心改變那些錯誤的想法。

有一次，波斯國王邀請有名的智者比爾巴到該國訪問，見面時問比爾巴：「你知道世上還有哪一位國王像我一樣，能如此照顧人民的利益，並且那麼為人民維護公義的嗎？」

比爾巴微笑說：「沒有，您的光芒就像月圓時般飽滿殷實，世上沒有能和您相比的人了。」

波斯王開心地笑著，接著又追問：「那若是和阿克巴國王相比呢？」

比爾巴說：「他只像初二、初三的月亮。」

波斯王聽完後非常開心，比爾巴告別時，他還送了不少財物和布匹給比爾巴，但風光返國的比爾巴，緊接著卻面臨了另一個危機。

原來，比爾巴對波斯王說的話已傳到阿克巴國王耳裡。國王身邊不乏反對比爾巴的人，竭盡所能地煽動著國王要嚴懲比爾巴。

比爾巴回國時，國王怒氣沖沖地召他至宮殿質問此事，卻見比爾巴謙恭且面帶笑容地說：「我最敬愛的國王陛下，如您所知，新月會一天一天圓滿，那象徵你的事業將不斷地發展茁壯。至於十五之月卻是逐日縮小，那象徵波斯國王會日益耗損直至消失在黑暗之中啊！聰明如您，應該知道我到底是在讚頌誰！不是嗎？」

國王聽了，開心地點了點頭。

機智的比爾巴不僅沒讓人抓到把柄，還讓原來的「失言」變成「美言」。比爾巴原本的話裡雖然有缺漏，但他並未讓人有機會利用這點對付他，而是用他的智慧填補這個缺。

至於生活在這人事複雜社會中的你我，在思考該怎麼解決不小心說出口的錯話時，不妨再仔細思考比爾巴的機智與冷靜。

失言風波或許難平，卻不代表永遠無法補救，一如比爾巴換個角度的說法，又如下面故事中霍加的臨機應變。

據傳，國君因為老婆出軌，從此便對女人懷恨在心，並堅決保持單身。

但這個結果卻讓國王從此變了性情，連審核入閣人才的方法也有所改變，舉凡地方學者和學識淵博的人到來，他都會附在他們耳邊問幾句話，一旦不能說出符合他心意或無法除去他心中苦惱的答案，他便下令將這人處死。

這天，國君請來霍加，一樣也在霍加耳邊輕聲問：「你結婚了嗎？」

霍加回答：「我活了這麼一大把年紀，怎麼還會是單身漢呢？」

「什麼！原來你和所有人一樣，來人呀，把他拖下去斬了！」國王忽然大聲怒吼道。

霍加一聽，當下明白事情的嚴重性，立即裝了一張苦瓜臉說：「國王陛下，等一等，您是不是應該先弄清楚一件事呢？唉，事情是這樣，我曾經犯了一個嚴重的錯誤，那就是我結婚了。婚姻真是一個深淵，只有掉進去的人才知道它的深度，不過，有句俗話是這麼說：『我們絕不能砍了使人從馬背上滑下來的那匹馬的頭！』」

沒想到霍加這個機智的回答，竟解開了國君心中的怨恨，從此他再也不惡意找人宣洩情緒了。

明白霍加的意思嗎？這是指任誰都會遇到意外，單身或結婚並不是重點。換言之，沒有人應該爲這過往的是非而困住自己。

遇到難關，必須有機智表現。霍加與比爾巴一樣都是非常聰明的人，能將原來說出口的話逆轉，轉成另一種解釋，爲自己解除麻煩和危機。

其實，他們用的不過是「順心」的技巧罷了。只要順著對方心中的盼望解答，自然能令對方滿意。

人生中常會有些莫名其妙的意外災難或誤解，無論如何，只要能冷靜面對這些問題，自然能看見解決的方法，並得到生活的解脫。

看完兩位智者的答案，你是否也從中得到方向了？

人與人之間並不需要用艱澀難懂的心理論述解釋，更不需要用複雜彎曲的思考推想，只要發揮「同理心」，順著對方心中的盼望解題，也順著人們希望的角度構思，自然能得出一個圓滿的完美結局。

生活的趣味，來自幽默的應對

當你和朋友交流時，別忘了多一點想像，多用一點巧思，慢慢地你就能幽默風趣，成為一位人見人愛的生活藝術家！

歐內斯廷．舒曼是德國著名的女低音，是華格納歌劇最為優異的詮釋者。長得胖嘟嘟的舒曼，胃口非常好，不僅食量大，而且還懂得品嚐美食，因而人們給了她一個「美食專家」的封號。

某一天，大胃王恩理科．卡魯索走進一家飯店時，看見舒曼也在餐廳裡用餐，正準備大口咬下桌上一塊大牛排。於是，恩理科．卡魯索來到她身邊，對她說：「舒曼，妳一定不會『單獨』將這塊牛排吃了吧？」

「你真是聰明，我當然不會就這麼『單獨』吃囉！」舒曼說完，便輕輕地咬了一口牛排。

聽見舒曼這麼說，卡魯索認為她願意與他分享呢！只見他拉開了舒曼身邊的椅子準備坐下，但還沒等他坐下來，舒曼吞下那一小口牛肉後，卻這麼說：「『單獨』吃多沒意思啊！我還要和著馬鈴薯一塊兒吃才夠味。」

很有意思吧！舒曼的一個小停頓，不僅誘引了卡魯索的食慾，還爲自己帶來了用餐的趣味。

其實，生活本身就是一種藝術，想完成這個藝術品，便得看我們怎麼過生活。回到故事中，無論從舒曼的角度來看，還是從卡魯索的立場來看，因爲「單獨」這個字詞的幽默運用，讓我們看見生活的趣味性。

美術館中，有個男子站在一幅油畫前觀賞，但過一會兒，卻見他在這幅畫作前方的平台上坐了下來，還忍不住大聲讚美：「啊！這真是天才之作。」

男子邊讚嘆，邊對站在他身邊的一位男士說：「我真希望能將這些不平凡的色彩全帶回家。」

這位男士答道：「先生，您將如願以償！」

「真的嗎？」男子滿臉驚喜地問。

其實這名男子正是這幅畫的作者，只見他回答說：「是的，因為您正坐在我的調色盤上。」

在以上兩則小故事中，其實都只用了一點點巧思妙語，便讓生活滿是漂亮的色彩，而你我的生活中，最欠缺的不正是像這樣的趣味巧思嗎？

現在，你是不是很羨慕他們的生活趣味呢？那麼，當你和朋友交流時，別忘了多一點想像，多用一點巧思，慢慢地你就能和他們一樣幽默風趣，成爲一位人見人愛的生活藝術家！

試著從幽默的角度切入

與人交流的時候，不論你認不認同對方的說法，都應該跟著對方的思維想一想，再繞到另一個角度來看事情。

德國哲學家尼采因為對女性充滿仇視，因而一生都不願與女人接觸，他曾經提出這樣一個想法：「男人應該接受戰爭訓練，女人則應該接受這些戰士們的訓練。」此外，他還提出這麼一個說法：「你準備到女人那裡嗎？別忘了帶著你的鞭子！」

不過，如此極端的想法自然有人要提出反駁了。

當時對尼采十分感冒的英國著名哲學家羅素，便對尼采的哲學思想十分不滿，還曾公開挖苦他說：「十個女人之中，至少有九個女人會讓他把鞭子丟掉，正因為他明白這一點，所以才急著避開女人。」

想想兩個著名的哲學家爲了「女人」爭執不下的情況，你是否不覺莞爾？

當羅素從另一個幽默角度切入，與其說是挖苦尼采，不如說是有意要爲尼采爭取同情的，就羅素的角度來看，也許尼采一生不願碰觸女人，是有著什麼樣不爲人知的苦楚吧！

他嘲諷尼采，正是因爲逃不開女人，所以對女人充滿恐懼與厭惡之心，在這個幽默風趣的嘲諷中，反而沖淡了尼采那偏激又可怖形象，不是嗎？

有一天羅素在花園深思時，有朋友們來訪，一走進門，便看見羅素正雙眼凝視著屋外的花園，似乎正陷入沈思之中。

一位朋友忍不住好奇地問他：「你在想什麼？」

羅素這麼回答：「每當我和任何一位科學家談話之後，我會肯定自己此生已經沒有幸福和希望了；但是，每當我和我的花園談天之後，我卻深信人生充滿了陽光與希望。」

說到最後一個字時，羅素的眼底似乎也閃著光芒。

羅素用幽默的語言諷刺科學家，他沒有尼采的固執偏頗，不會凡事總往極端想，因而能擁有更寬廣的生活視野，並找到樂觀的人生方向。

與人交流的時候，不論你認不認同對方的說法，都應該跟著對方的思維想一想，再繞到另一個角度來看事情。無論是認同還是鄙視，羅素只想提醒我們：「聽人言論，不該一味地吸收接受，我們要有自己的想法，要能獨立的思考，如此才能做出最公正且客觀的評論。」

耍點花招就能有效行銷

只要多一點幽默風趣，同時以誠懇用心的態度經營，即使行銷宣傳只用一點小技巧，也能得到顧客長久的支持。

在這個「不行銷就死亡」的年代，很多企業和個人整天都絞盡腦汁，盤算著要使用什麼花招進行行銷。

其實，只要你懂得用幽默的元素包裝自己的意圖，就能夠有效地獲得消費者的熱烈支持。

一九三七年，現代藝術博館在美國首次舉辦梵谷的畫展。喜歡用花招來吸引觀眾目光的藝術家休・特洛伊，認為梵谷的繪畫作品很難吸引成千上萬的人來觀賞，因而尋思著：「如果能想出一個危言聳聽的宣傳花招，像是畫家私生活之類的內容，應該能吸引大量的民眾進場。」

於是，特洛伊將牛肉剁碎，將它做成一隻人的耳朵，然後擺放在一只精緻的天鵝絨盒子中，送到展覽館陳列，盒子下面還貼了一則註解：「一八八八年十二月二十四日，梵谷割下了這隻耳朵送給他的情婦——一個法國妓女。」

果然如特洛伊所預料的，盒子一陳列後，立即吸引了大批觀眾進場，他們幾乎全為了「梵谷為一個法國妓女割下的耳朵」而來。

換個角度想，如果特洛伊當初只用「梵谷的耳朵」爲題，沒有加料注釋，進場的人數恐怕就不如預期了，那麼到底是什麼原因讓人們接踵而來呢？答案正是特洛伊提出的：「私生活與危言聳聽！」

從行銷學的角度來探討，爲了吸引群眾的目光，或是挑起觀眾的好奇心，企劃人員當然必須想出一個能激越人心的好主題，想出一個最能吸引人們目光的目標，甚至引人迷失其中。

就商人的角度來說，這當然是增加產值的好方法，但就道德的角度來說，一味探人隱私的好奇心，很容易讓人失去善良的本性。爲了滿足心底的好奇，爲了誘引消費，雙方的口味都會越來越重！

要避免以上的情況，就得在加重口味的同時，添入一點幽默。

關於這一點，交響樂之父海頓便發揮得十分精采。

每次海頓在擔任指揮時，有許多故作風雅的貴族都會前往聆聽，問題是他們一個個都不懂音樂，因而從台上往下看，常常看見點頭打瞌睡的動作。

海頓發現這個情況後，便特別創作出一曲「驚愕交響樂」。這首交響樂曲開始時，旋律十分柔和，似乎是有意催貴族們入睡，當輕柔的旋律在音樂廳中繚繞後，台下的觀眾很快就出現了「點頭」的動作。

但是，演奏來到某一章節時，輕柔的音樂突然轉為強烈，同時還伴著大炮式的鼓聲：「咚！咚！咚！」

那一陣又急又響的鼓聲，頓時將睡夢中的貴族們全嚇醒了，只見他們一個個張大了嘴巴，目瞪口呆地看著台上的指揮，只不過，在他們打起精神要好好聆聽時，卻已是準備起身鼓掌的時候了。

由海頓的例子可知，吸引觀眾要有點技巧，看似有意要貴族們難堪的樂章，其實是用幽默的方式，讓他們明白表演者的苦心。

回顧特洛依加料的宣傳花招，或者他最終的目標其實也是想讓群眾掏錢買票，進場欣賞更多梵谷的作品，那麼我們不也可以這麼說：在收益與商業道德之間，其實並不難取得平衡，只要多一點幽默風趣，同時以誠懇用心的態度經營，即使行銷宣傳時只用一點點小技巧，也能得到顧客們長久的支持。

輯4.

用幽默輕鬆溝通

和別人進行溝通時，不去惡意傷人，
待人也絕不輕忽怠慢，
自然能固守住我們的堅持，
也能顧全我們不願傷害他人的心意。

用幽默輕鬆溝通

和別人進行溝通時，不去惡意傷人，待人也絕不輕忽怠慢，自然能固守住我們的堅持，也能顧全我們不願傷害他人的心意。

作家拉布曾說：「幽默是話不投機的救生圈。」

在這個紛紛擾擾的時代，人與人之間充滿著爭執、衝突、競爭、交戰，許多無謂的爭執衝突，都是溝通不良引起的！

機智幽默的應對方式就是彼此互動最好的潤滑劑。也就是說，當你遇到自己不感興趣的問題，不知道該跟對方說什麼，或是不想跟對方糾纏不清的時候，就越必須用極出色的幽默感與對方溝通。

某天，一名叫做荷克的慣竊犯闖入哲學家法蘭西斯・培根的家中行竊，很快就被逮捕了。依當時英國的法律，這名慣竊犯恐怕會被判處死刑。

在法院進行偵訊時，荷克對培根哀求說：「先生，看在我們關係親密的份上，請您救救我，我下次不敢再犯了！」

他的理由倒是很有趣，他把自己的名字「荷克」（hog，意為「豬」），與培根的名字（bacoh，意為「燻肉」）串連在一起，企圖拉近和培根之間的關係，希望能獲得他的同情。

但是，培根卻笑了笑說：「朋友，如果你不被吊死，我們是沒辦法成為親戚的，別忘了，豬得死了之後才能變成燻肉啊！」

這是聯想思考的趣味，這種絕妙的應答確實讓人想鼓掌叫好，培根幽默風趣的回答，想必緩和了法院裡肅殺的氣氛。

一個真正有智慧的人，不會動不動就跟別人爆發衝突，而是會用幽默的方法表達自己的想法，讓對方有更深一層的體悟。

經常替富人和名人作畫的美國人像畫家薩金特，有一天在晚宴上遇見一位十分傾慕他的女子。

「喔！薩金特先生，前兩天我看到了您最新完成的一幅畫，您知道嗎？我居然忍不住吻了畫上的人，只因為那人看起來太像您了。」女子嫵媚地擺動著身子，嬌聲對薩金特說。

畫家則笑著問：「是嗎？那他有回吻您嗎？」

女子一聽，瞪大著眼說：「什麼嘛？那怎麼可能。」

「這麼說，他一點兒也不像我了。」薩金特神情得意地說。

哈茲里特曾經寫道：「幽默詼諧是談話的調味品。」的確，幽默是人的情感的自然流露，可以直接讓對方卸下原有的心防，甚至可以像潤滑油一樣，緩和潤滑原本僵持對立的氣氛。

就像培根遇到小偷，又好像薩金特遇到癡女，有些人爲了攀關係，爲了更親近對方，總會想盡辦法拉攏牽線；而爲了避免沾黏上這樣的人，有些人選擇躲藏，有些人則直斥拒絕，但結果不是成效不彰便是得罪了人。

反觀，這兩則故事中的主角，爲了撇開和對方的關係，技巧地延伸轉換，讓原本看似緊密的關係，剝開層層關連後，輕易找出兩人毫無瓜葛的證明，一句「沒有回吻」，便表達了「我們是不可能」的眞實情況，另一句「豬死才能有燻肉」的幽默，更是直接點醒罪犯得坦然面對責任。

其實，現實生活中的人際溝通都便要像這樣，不去惡意傷人，待人也絕不輕忽怠慢，自然能固守住我們的堅持，也能顧全我們不願傷害他人的心意。

會說話，更要能聽出話中話

要學習判斷是非，也要學會觀察聆聽，如此才能找出正確的答案，不致於被人誤導而做出誤判。

在法庭中，被告的辯護律師大聲質問證人：「你說事故發生的時候，你離出事的地點約有一百英呎，那請告訴我，你到底能看見多遠的東西？」

證人說：「嗯，我早上起來的時候可以很清楚地看到太陽，據說，太陽離地球有九千三百萬英哩，所以這就是我可以看見最遠的距離。」

對你來說，證人的答案似乎有些刁鑽，但是就事論事，從證人的角度來思考，他的說詞其實並沒有錯。

在法庭上，講求的是最正確的答案，以及最公正的審判，每個證人也知道自己的證詞將影響某個人一輩子，所以，答案總是得小心構思。也許，有些是經人教導，有些是自己不小心脫口而出，至於眞實性有多少，大概就只有他們自己知道了。

不過，一如「可以看見太陽」一樣，這證詞看起來笨，但也留給人無限的想像空間，這樣的證詞絕對不會得罪人，至於該怎麼論斷是非，就看法官如何拿捏了。

法庭上，不乏各式各樣讓人啼笑皆非的證詞，下面的故事又是一例。

有個女性是一間即將破產的公司的女秘書，幾天前收到法院的傳票，要她出庭作證。法庭上，法官以極為嚴肅的口吻質問她：「妳知道作偽證會有什麼後果嗎？」

女秘書很冷靜地點了點頭，然後對法官說：「知道，我可以獲得二千法郎和一件貂皮大衣。」

我們很難揣測女秘書是眞笨還是裝傻，然而這個看似愚蠢的回答，其實正揭露了事實與眞相，這或許是我們在面對難以處理的人事糾紛時的最佳方法，不是嗎？

在另一個法庭上，法官問證人：「宣誓之後，你知道應該怎麼做嗎？」

證人點頭，回答說：「我知道，一旦宣誓之後，不論我說的是真是假，都應該堅持到底！」

在不得不說假話的時候，簡單一句「無論眞假都要堅持到底」，反而有會心一笑的效果。

其實，法庭上的僞證人和罪犯大都是帶著一顆不踏實的心上台，在不能說出事實的前提下，他們總得編織許多謊言，然而謊話記得再清楚、說得再詳盡，也始終比不上記憶深刻的事實眞相。想找到僞證的漏洞其實不難，仔細聽聽對方的說詞，也用心觀察對方的神情，就不難從中發現實情。

在人際交流時，我們也經常面對相似的情況，常會無法判斷人心的眞僞；或者聽對方說話時，總覺得意在弦外，根本抓不住對方的重點。因此，我們要學習判斷是非，也要學會觀察聆聽，如此才能找出正確的答案，不致於被人誤導而做出誤判。

轉移問題，就能解除危機

許多問題其實都不難解決，人際間的溝通也沒有想像中那麼難，想一個人人可以接受的說詞，那些生活難題自然就會遠離我們。

古羅馬思想家塞涅卡曾經寫道：「化解人際衝突的最好良藥，就是含有幽默感成份的機智。」

遇到危機就手忙腳亂，只會突顯一個人的幼稚和弱智，懂得用幽默的方式解除危機，才是真正的聰明人。

約翰・海沃德爵士在一五九九年出版了一本名為《亨利四世》的著名傳記小說。該書十分暢銷，只是他沒料到這本小說竟會為自己招來殺身之禍，因為當時主政的伊麗莎白女王認為：「這個作者根本是在借古諷今，書中有許多地方根本是含沙射影地抨擊我的施政。」

女王的意見一出，立即引來奉承著的附和聲，於是她立刻召來司法官員，要求他們以謀反的罪名起訴海沃德。

與此同時，已經閱讀過《亨利四世》的培根，其實十分明白作者用心良苦，書中的期望更多於指責。

於是，培根趁著與女王面談的機會，積極說明並分析海沃德作品裡的用心，小心翼翼地糾正著女王的偏見：「女王陛下，我不敢說書裡是否有謀反的企圖和證據，不過毫無疑問的是，這本書裡確有不少地方犯下重罪。」

「是嗎？何以見得？你快指出那些地方！」女王著急地追問。

只見培根十分認真地說：「是的，我發現他從泰西塔斯（古羅馬歷史學家）的作品中偷了好幾段論述和評論，我認為，光是這個盜用、摘錄的情況，便足以讓他定罪。」

將罪責轉到他人或他處的技巧，最常被用在政治環境中，畢竟在複雜的鬥爭環境裡，即使是隨口說出的玩笑話，也有可能讓對手找到借題發揮的機會，於是可憐的海沃德因莫須有的罪名入了獄。

幸好，聰明的培根以斷章取義的角度來評論這件事，看似指責海沃德盜用，事實上卻輕巧地將海沃德原本背負的罪名轉移至古代歷學家身上，是讓海沃德能洗刷謀反罪名的絕妙方法。

不只培根有這樣的智慧，英國哲學家威廉·休厄爾也是個很懂這類技巧的高手。某天他與維多利亞女王一起遊英國康橋的卡姆時，便曾機智地運用他的幽默感，解決了管理該河道主管的尷尬。

這天，維多利亞女王與眾人在河上的某一座橋上散步時，女王看見河面上正漂著不少廢紙張。只見女王微慍地說：「河面上怎麼會有那麼多廢紙？這裡是誰負責管理的？」

站在女王身邊的官員們一聽，全都噤聲不語，深怕一旦回應，頂上的烏紗帽就要被摘下來了。

這時，威廉．休厄爾出面說：「陛下，它們不是廢紙，因為在那些紙上都寫著這麼一個告示：造訪者敬啟，請勿在這條河中游泳。」

仔細想一想，當你遇到類似的情況時，你會怎麼解決？是否也能像故事中的兩位哲學家一樣，機智幽默地把問題轉移，替人解除危機？

幽默的人最受人歡迎，這種能爲他人解除危機的人，常常是最受主管器重的，因爲透過解題技巧，主管最能看出一個人的才能與智慧。

事實上，許多問題其實都不難解決，人際間的溝通也沒有我們想像中那麼難，只要懂得轉個彎，運用機智幽默想一個對方可以接受的說詞，那些生活難題自然就會遠離我們。

體貼他人付出的心意與努力

凡事要能將前因後果仔細了解，然後再用幽默的方法說出自己的看法，進而改變對方的想法。

「四個人還抓不住一個罪犯，全是飯桶！」警長對著部屬大聲地怒吼著。

其中一名員警怯怯地反駁：「這個……長官，其實我們也沒有白追呀！因為，我們把他的指紋帶回來了。」

警長一聽，情緒稍稍緩了下來，連忙追問：「在哪兒？」

四個人同時挺直了腰，神情驕傲地說：「在我們臉上。」

聽見員警的答案，大概不少人笑得從椅子上跌到地上。在笑聲中，你還從故事看到了什麼？

說這幾個員警不是普通的笨，想來沒有人會否定，可是在不得已的情況下，在什麼資訊都沒有的時候，這個可笑的資訊未嘗不是一個好方向，說不定在他們扭打的過程中，有人的臉上留下了犯人的毛屑或未乾的唾沫。

培養機智的目的是爲了解決問題，能在非常時候轉彎思考，也能在非常時候以幽默輕巧地嘲弄，一如底下吉四六的幽默動作。

日本某村的村長感冒了，臥病在床，許多村民趕忙前去探望，唯獨吉四六姍姍來遲，村長很不滿意地質問他：「你為什麼這麼晚才來？」

吉四六笑著回答說：「是這樣的，一聽說您病了，我就連忙到村外試著找名醫來醫治您啊！」

「是嗎？很好，你果然是個聰明人！」村長讚道。

過了一些日子，村長的病情變重了，大夥再度前去他家探望，至於吉四六，仍然是最晚到的一個。

這次，村長直接問他：「你請到名醫了嗎？」

沒想到吉四六搖了搖頭說：「找名醫幹什麼？我聽說您病得很重啊！我想您恐怕是救不活了，所以我去請了和尚來幫您誦經，另外，我還很用心地到村外的棺材行，為您預訂了一口上等棺材。」

「你……，你這什麼意思啊！」村長聽完吉四六的話，支吾了兩句後便氣得暈了過去。

吉四六到底聰不聰明，或者你我心中各有各的答案，但不能否認的是，先是奉承後來嘲諷，吉四六冷靜輕巧地把大擺官威的村長譏得面目全非。

雖說村長是地方父母官，村民本來就該多多關心問候，然而村長那樣在意「早到晚到」的舉動，確實也讓人們不知所措，有心奉承的自然早早出現，無意交流的卻也被官威逼得心不甘情不願，虛情假意地現身。其中是非對錯，想來吉四六心中是有一把尺拿捏著的。

人世間總有一些讓人看不慣的事，人和人之間也難免會對立、摩擦，但是，一不順心如意就出口成「髒」，只會被當成沒水準的莽漢、匹夫。

幽默是化解自己和別人衝突的最佳應變智慧，懂得運用幽默的方法表達自己想法的人，不僅可以替自己出口怨氣，同時也可以突顯問題的不合理。

生活中人和人之間的互動，需要的只是一顆體貼的心，和一份眞情誠意的關心。凡事要能將前因後果仔細了解，然後再用幽默的方法說出自己的看法，進而改變對方的想法。

冷嘲熱諷最能達到批評效果

用幽默的方式說我們該說的話，當然也要用心聆聽人們的批評；冷嘲熱諷雖然傷人，但是卻極具激勵的效果。

哈茲里特曾經寫道：「幽默詼諧是談話的調味品。」機智幽默是人際互動的最佳應變智慧。讓人發噱的幽默言談，往往更能讓對方深思你要表達的意思。

「爸爸，什麼是歌劇啊？」小彼得問爸爸。

小彼得的爸爸說：「歌劇就是當舞台上一個人被敵人用匕首刺進胸膛後，面對著流出來的鮮血，他會大聲地唱起歌來，而且還可以唱很久很久。」

聽見彼得爹地童言童語的解說，是不是讓你不禁莞爾？在聽見彼得爹地的解釋後，關於歌劇你是否又多了一層認識？

觀看舞台劇的趣味便在此，觀衆能直接感受到演員們的肢體動作和當下情感，也在現場與演員交流情感。相對的，舞台上的演員們必須直接面對觀衆們強烈且毫不保留的情感。

某個劇院表演歌劇《奧賽羅》，當觀眾們全心投入欣賞時，竟發現那個扮演苔絲德蒙娜的演員是個毫無演技的傢伙。

也許因為觀眾們都太過投入了，因而當奧賽羅作勢要掐死她的時候，台下觀眾居然歡聲雷動了起來，大家紛紛叫喊著：「對，把她掐死就對了！」

在另一個情境下，觀眾們也有類似的直接反應。

有位老師問學生們：「我推薦你們去看的那齣喜劇，你們看完後有什麼心得嗎？

是不是很有意思呢？」

同學說：「老師，那怎麼會是喜劇呢？根本是一齣悲劇好不好！」

老師不解地問：「怎麼會呢？」

同學說：「拜託，整個劇場裡只有十六位觀眾，怎麼不是齣悲劇呢？」

正因爲直接面對舞台上的演員，觀衆當然會毫不保留把情緒傳達出來。不但表演環境這樣，現實生活中更是如此，我們不免會遇到相同的問題，那麼，當我們聽見這樣的批評，或者準備給人直接的批評時，又該怎麼聆聽或提議呢？

用幽默的方式說我們該說的話，當然也要用心聆聽人們的批評；冷嘲熱諷雖然傷人，但是卻極具激勵的效果。

我們可以把「現實情況」據實以報，有時太過轉彎反而容易讓人產生誤解，甚至錯失了面對錯誤或修正缺失的第一時機，就像第三則故事一樣，反諷「悲劇」其實也直接評論了戲劇的好壞。

對學生來說，劇情是否有趣並不重要，因爲沒有票房是事實，觀衆們不願意買票進場，就代表這齣戲的創作者必有某方面的缺失。

人們的情感是藏不住的，心中的感受也常常直接地表現出來，因而我們都很有機會像故事中的女演員與喜劇創作者一樣，必須面對人們毫不留情的批評。但是，不要一聽到批評就急著反駁人們不懂，因爲能聽見評論的聲音，便代表人們對我們仍有期許。

只要能靜心聆聽，也肯用心糾正錯誤，我們很快就會有表現的機會，並聽見人們眞正「鼓掌叫好」的聲音。

用智慧拿捏進退

理事要簡潔明快，處世要周全果斷，但更要為自己的權利好好守護，不論退與不退都要運用智慧拿捏。

某一天，朱哈愉快地走進理髮店，誰知，原本的好心情卻被一名手藝很差的剃頭師傅破壞了。

只見平躺在椅子上的朱哈眉頭深皺，「哎呀」聲連連，原來是這個新來的剃頭師傅手中的剃刀，不斷劃破朱哈的頭皮，每剃破一處，便用棉花輕輕地按住頭皮上的傷口。

忍了好一會兒的朱哈，實在忍受不了了，於是揮了揮手，說道：「請停手，我不想剃了！」

但是當他準備站起來時，卻被剃頭師傅猛然壓回座位，只見師傅平靜地對朱哈說：「朋友，忍一忍，就快剃完了。」

這個頗具喜劇效果的小事例，想必讓不少人的心情爲之一振吧！廣受人們歡迎的喜劇片段，不也有許多像這樣無厘頭又充滿趣味的劇情安排？想像著朱哈快樂地走進理髮店，接著反而哀聲連連，其中喜悲反差的效果的確趣味橫生。只是再想想，朱哈若眞的一忍再忍，弄得滿頭是傷後才默默離開，就未免有失機智大師之名了。

是的，不是所有事都要退讓或逼自己接受，過分在意人們的感受或情感，逼得自己事事都要委曲求全，不過是讓自己深陷人情的泥淖罷了。

當剃頭師傅第一刀刮出傷口時，我們就要提出抗議了，怎能一忍再忍呢？甚至最後還無力反抗，乖乖地聽話坐回原來位子上任人宰割？

處世之道有退有進，但別忘了退一步不是一味地低頭隱忍。

凡事要據理力爭，該是我們的機會與權益都不該輕言放棄，要懂得幽默的方法說出自己的看法。

有名罪犯的家人，十分欣慰地對朋友說：「雖然他被判坐電椅，但幸虧我們請到一位非常能幹的律師……」

友人臉上不禁展露笑容，欣慰地問：「真的嗎？那他脫罪了吧？」

「沒有脫罪啊！不過，律師已經幫他爭取到，把椅子的電壓降低一些些。」犯人的家屬說。

多加一瓦或少降一瓦到底有多大的差別，大概只有受過電刑或者執刑者才知道，只是這其中重點，又豈是在電壓的高低？

說笑著那「一些些」，卻也發人深省，不用討論受刑者應該不應該被判死刑，而是應當反思他們口中的能幹律師，是否眞的盡了全力爲犯人辯護，並盡力爲犯人洗脫罪名才是。

從朱哈被押回椅子上的情況，再至罪犯僅僅少一些些的電壓，我們也得出了一個結論：「理事要簡潔明快，處世要周全果斷，但更要為自己的權利好好守護，不論退與不退都要運用智慧拿捏。」

在這個紛紛擾擾的時代，人與人之間充滿著爭執、衝突、競爭、交戰，許多無謂的爭執衝突，都是溝通不良引起的！

如果，你懂得用幽默的方式表達自己的想法，不但讓對方無從下手，更表現出自己的坦然與寬宏。幽默是人的情感的自然流露，可以直接讓對方卸下原有的心防，甚至可以像潤滑油一樣，緩和原本僵持對立的氣氛。

用幽默看待生命中的意外

用幽默看待生命中的各種意外，面對生活中的一切不順心意的事情就能冷靜面對，更能微笑加以解決。

英國籍演員莫里斯·巴里穆爾，在一八七五年移居美國後，才開始他的表演人生，努力學習的他很快地便成爲觀衆喜愛的專業演員。

一生之中，巴里穆爾鞠躬謝幕的畫面不可勝數，不過，人們對於他最後一次的謝幕畫面卻是畢生難忘。

這個畫面不是出現在炫麗的舞台上，而是在一處幽靜的墓園中。

巴里穆爾在一九〇五年走完了他的人生旅程，一路陪伴著他走過精采人生的朋友與親人們都知道，巴里穆爾接下來將到另一個舞台，繼續他的演藝人生，此刻的他只是暫別以「莫里斯．巴里穆爾」為名的角色。

不過，在安靜莊嚴的告別儀式中，巴里穆爾之子萊昂納爾突然驚訝地叫道：「你們看……」

原來，萊昂納爾看見一個有趣又熟悉的畫面，正當人們將巴里穆爾的棺材抬起來，並準備放進墓穴時，卻見架起棺材的繩子突然晃動了一下，棺材也跟著輕扭了一下，接著棺材竟斜斜地卡在墓穴的邊縫。

這個情況令不少人忍不住輕呼了一聲，因為他們以為棺材會直接掉落至墓穴中，這可是對死者十分不敬的。

為了修正角度，工人們將棺材再次抬起，然後小心翼翼地將棺材往下吊，但就在這個時候，繩子再次晃動，棺材也跟著再度扭動，於是工人們不得不再一次將棺木吊起。

看見這個情景，萊昂納爾卻一點也不生氣，用手臂輕碰站在一旁的兄弟約翰，然後悄悄地對他說：「你看，像不像父親一次又一次謝幕的畫面？」

想像著這個在肅靜墓園中發生的小插曲，品味著萊昂納爾的話語，隱約間，似乎讓人更加感覺到兒子對父親的思念，是不是呢？

曾經有個旅人在旅程中發現了一座墓園，公園式的管理伴著幽默的追憶留言，讓人對墓園少了恐懼。其中，最令人印象深刻的，是一個丈夫對老婆的思念追憶：「親愛的，謝謝妳不再嘮叨了！」

用幽默看待生命中的意外，甚至是死亡，是多數西方人的態度，他們在墓碑上刻下的紀念文字不僅常讓人會心一笑，有時候，我們還能透過這些的幽默字句，隱隱感覺到墓中人正活躍重生。

其實，這也是他們讓自己堅強走向未來的方法，也因爲這樣幽默地看待生老病死，他們面對生活中的一切不順或意外，總能冷靜地面對，也能帶著微笑加以解決。

失意與挫折是每個人都沒有辦法逃避的人生考驗，如何用幽默樂觀的心態面對，無疑是相當重要的。

當現實環境不如預期，不妨發揮幽默感，許多苦惱都會雲淡風輕。

就像工人們在擺放棺木時的小狀況，身爲兒子的萊昂納爾沒有怒斥工人的不是，反而從中憶起父親生前對戲劇的熱愛。正是這種心態，讓他能克服失去父親的哀痛，闊步走向之後的人生；而他的妙語，也再次讓巴里穆爾的身影活躍在每個人心中。

婚前多點耐心，婚後多些用心

每天每天認認真真地對待你的他，也誠誠懇懇感受著你的他，然後等一個對方真正能與你心意相通的時候，對他說：「我愛你！」

人說清官難斷家務事，以下這則小故事還真是非常之例！

「我要和家裡那個沒良心的臭男人離婚。」有位美國女演員怒氣沖沖地走進紐約一間著名的律師事務。

律師一看是著名的女演員，連忙上前說：「放心，我一定替您辦妥這件事，只要您立即支付三千元美金，我立刻為您辦好離婚手續。」

「什麼！要三千元美金？我的天啊！」女演員大聲叫喊著，接著竟說：「這未免太貴了吧！我找人開槍殺了那個臭男人也不過要一千五百元！」

沒想到曾經愛得那樣深，有一天竟連三千塊美金也不值。感情事總是讓男人女人傷透腦筋，未婚前男歡女愛，誰也不願放棄誰；總算得到了彼此，共結連理後，卻又問題多多，似乎怎麼愛都不對，兩人相看越發厭煩。

所以，無怪乎底下這位律師會有這樣的無厘頭的回應。

某天，瑪麗大步跨入一間律師事務所，然後對著服務人員說：「您好，我想瞭解一下，我是否具有離婚的基本條件。」

後面的律師聽見了，連忙上前問道：「妳結婚了嗎？」

瑪麗皺了眉，然後點頭說：「當然結婚了。」

律師點了點頭說：「很好，那麼妳便已具備離婚的基本條件了。」

聽見「結婚」等於「離婚的基本條件」時，的確讓人會心一笑，這看起來不大對勁的邏輯，卻是「一針見血」的好答案啊！

現代男女，不乏有人結了婚後便等著離婚，多少年輕夫妻的口頭禪是：「不合？大不了離婚嘛！」

只是，當「愛」變得那樣容易結合與分離時，「愛」這個字在你我的嘴裡到底還剩多少價值？因爲「愛」變得越來越容易取得，衍生而來的，卻是一幕又一幕夫妻失和的畫面。

有位法官，就一連好幾天都得審理複雜難為的夫妻失和案子。

這天，他忍不住勸說：「我真無法相信，像您這樣體面又穩重的男人，居然會動手打像您妻子那樣嬌小脆弱的女人，您實在應該向妻子道歉。」

約翰說：「法官先生，我也是在忍無可忍之下動手的啊！你知道嗎？她天天罵我，天天折磨我，惹得我完全失去耐性，才做出這樣可怕的舉動。」

法官同情地問他：「這樣嗎？那她平時都對你說些什麼？」

約翰說：「她幾乎天天喊道：『來呀！你打我啊！我才不怕你。來呀，來呀，只要你敢碰我一下，我就把你拉到那個又禿又傻的老法官那兒去，哼！』」

法官一聽，瞪大眼說：「好，本案即刻撤銷！」

從故事中，我們再次證明了一件事，爭吵不僅讓人失和也容易使人失言。笑看法官最後的判決，或者我們更能冷靜尋思，夫妻之間的口舌之爭，說是因爲生活現實，不如說是對彼此太熟了，熟到忘記相互體貼，忘了曾經允諾的：「我願意守護、謙讓、關愛他一輩子！」是不是呢？

別讓你的「愛」那樣輕易對你的他說出口，每天每天認認眞眞地對待你的他，也誠誠懇懇感受著你的他，然後等一個對方眞正能與你心意相通的時候，對他說：「我愛你！」這樣一來，離婚率自然不再超速攀升，同時也會因爲彼此的用心與認眞看待，讓未來多添一組鑽石老夫妻。

時間也能用來解決問題

當我們遇到問題或人們的挑戰時，別著急心慌，也別急著回擊，唯有靜下心來等待，才能找出讓人拍案叫絕的方法。

佩庫曾在琉球王國的某個城鎮任官，但是，能當官並不代表一定能夠「賺錢」，再加上佩庫家裡的人都不擅長管理財務，一家人常常處在挨餓的狀態，日子過得很困苦。

這天，佩庫才剛踏進家門，妻子便對他喊道：「老公，米缸又見底了，今天要餓肚子了。」

佩庫一聽只好牽著瘦馬再走出門，拉緊了褲帶進城找朋友借錢買米。不過，他實在餓得很難受，後來還餓到得用手摀著肚子低頭走路。

這時，正好在街上巡視的琉球國王看見他這模樣，便好奇地問：「佩庫，你為什麼要這樣走路啊？」

佩庫抬頭一看，竟是琉球國王，連忙上前跪地稟告：「大王啊！因為我餓到胃痛了。之所以低頭走路，其實是為了找點吃的東西回家。」

國王一聽，搖了搖頭說：「來人啊！快拿包米給他。」

佩庫謝過國王的賞賜，隨即便將米包放在馬背的一邊，只是忽然有包重物加在身上，那匹瘦弱的馬竟一個重心不穩，倒了下去。

佩庫一看，轉身對國王說：「大王，這馬只馱一包米是無法走路的，我看要是能兩邊各放一包米，應該就不成問題了。」

國王明白了佩庫的要求，點頭答應再給他一包米，然後笑著對他說：「又是你贏啦！」

天下沒有白吃的午餐，佩庫當然也明白這個道理，於是，爲了讓對方送得心服口服，他以「站立平衡」爲理由，暗中請求國王加碼；相較於直接伸手乞討的情況，這個理由讓人不禁莞爾，自然也讓人給得心甘情願。

智者的故事很多，另一則故事也讓人讚嘆連連。

當時，琉球有許多地方都在動工興建房子，所以在這個非常時期，琉球人都很忌諱提到「燒」和「火」這兩個字。

然而，有個木匠聽說人們都很誇讚佩庫的聰明機智，心中不大服氣，於是和夥伴們商量：「我去把佩庫找來，然後和他打賭，只要有人在我們完工前說了『燒』和『火』這兩個字，就罰一升酒。」

佩庫果然答應了這個邀約，不過木匠們卻等了好幾天後才等到佩庫出現，而且他一看見木匠們，便氣急敗壞地說：「我前幾天到山裡去探訪一位老朋友，沒想到那個人實在太糊塗了，你們知道嗎？他竟用木頭鍋煮粥吃。」

大家一聽，吃驚地問：「木頭鍋？那鍋子不是很快就著火了嗎？」

原本想贏過佩庫的木匠們，一開始便在佩庫聰明的設計下，脫口說出了「火」字，結果還是輸了。

仔細分析這則故事的劇情，我們能看出佩庫在「時間」點上的利用。他沒有立即對付工匠們，反而拖延好幾天後才出現，這其中的要訣便是利用人們容易「淡忘」的特性。

試想佩庫若在第一時間出現，工匠們自然會反應靈敏，處處提防；然而隨著時間慢慢流逝，工匠們便會慢慢卸下防備。

從這個「方法」延伸思考，我們在遇到問題時，不也要像佩庫一樣，冷靜處理，耐心等待最佳的解決時機嗎？

「時間」是一個方法，而「引誘」人們入甕又是另一個智慧巧思，佩庫以「平衡」和「木鍋」爲誘餌，讓人一腳踩進甕中，因而能輕鬆達成他的目的。同樣的，當我們遇到問題或人們的挑戰時，別著急心慌，也別急著回擊，唯有靜下心來等待，才能找出讓人拍案叫絕的方法。

輯5. 發揮智慧，就能靈活應對

無論是自救或救人，臨危不亂是基本，
反應靈活是竅門，機智變通是要訣，
只要把握這幾個要點，
再大的危機都不過是小麻煩罷了。

多從他人的角度看事情

當人際關係出現了問題，就不能再站在自己的角度評論他人的是非對錯，而是要站到對方的位置上思考、剖析問題。

有個畫家為一間教堂彩繪壁畫，作品完成時牧師前來視察，卻發現畫家竟把小天使的手指頭畫成了六根。

「先生，您什麼時候見過有六根手指頭的天使啊？真是亂七八糟！」牧師氣憤地質問。

畫家笑著說：「喔，我是沒見過啦！那您是否曾『親眼』見過有五根手指頭的小天使呢？」

儘管牧師皺著眉心，但卻啞口無言。

人和人之間的距離之所以會變得越來越遠，是因爲每個人總是站在自己的角度看對方，很少有人會站到對方的身旁，一同觀看事物，並用相同的角度來思考、評論。當然，若從「常理」來做判斷，五根手指才算正常，然而若再從科學的角度來思考，世上不也有因爲基因問題而天生就有六指孩童嗎？

在羅浮宮中，有兩位美國富翁正站在「耶穌降生」的圖前，其中一個人說：「唉，我實在無法想像，他們連最基本的生活條件都這麼差，到底要怎麼活下去啊？你看，那孩子居然直接躺在乾草上，實在太可憐了。」

另一名富翁則說：「怎麼會呢？你不知道耶穌的父母親很富有嗎？」

「富有？」朋友不解地問。

「不然，他們當時怎請得起像緹香這樣的畫家為他們作畫呢？他的索價不是很高嗎？」富翁補充道。

在這則小故事中，富翁的思考與晉惠帝的「何不食肉糜」有著異曲同工之妙，他們只懂得從自己的價值觀去看待他人的世界，並以自己的想法去斷定別人的價值，至於關於畫裡的意境、關於現實世界裡的苦況，他們始終看不見也體會不到，所以晉惠帝的愚昧引發之後的八王之亂，而那名富翁的自以爲是也讓他鬧了個大笑話。

回到現實生活中，若是希望人與人之間能有良好的互動，期望彼此能有絕佳的合作關係，第一步要做的，便是多從別人的角度看事情。

此外，當人際關係出現了問題，就不能再站在自己的角度評論他人的是非對錯，而是要站到對方的位置上思考、剖析問題。如此一來，不僅能找出問題的癥結，還能更進一步了解對方的心。

發揮智慧，就能靈活應對

無論是自救或救人，臨危不亂是基本，反應靈活是竅門，機智變通是要訣，只要把握這幾個要點，再大的危機都不過是小麻煩罷了。

西元三世紀，隨著亞歷山大軍隊來到萊普沙克斯的古希臘哲學家阿那克西米尼，其實也是萊普沙克斯人，為拯救自己的故鄉免於受到軍隊的蹂躪，著急地求見亞歷山大大帝。

看見哲學大師求見，亞歷山大當然知道他的來意，因而未等他開口便說：「我現在對天發誓，我絕對不會同意你的請求。」

「陛下，其實我是想請您下令毀掉萊普沙克斯啊！」哲學家大聲地說。

亞歷山大一聽，先是愣了一下，接著笑著點頭。因為君無戲言，萊普沙克斯終因亞歷山大的急躁與阿那克西米尼的智慧而倖免於難。

人的一生中危機處處，如何才能安全地解除危機，可說是從古至今人人都在尋找的答案，爲了找到最佳的解危妙方，有人絞盡腦汁想新辦法，有人則翻遍古今典籍，希望能從別人分享的智慧中得到解答。

只是，即便找到了那樣多的方法，如果不懂得靈活運用，反而容易害自己陷入危機、無法脫困。

用機智化解危機的方法，表演兼舞蹈家鄧肯便表現得十分巧妙。

當時，有位貪戀女色的義大利作家一看見長相漂亮的鄧肯，便立即展開追求，一會兒採用情書攻勢，一會兒猛送鮮花……為了得到佳人芳心，可說拼了命地恭維、奉承。

最後，他終於得到鄧肯的接納。以為佳人到手的作家，連忙把握機會，向鄧肯提出更進一步的要求：「我可不可以半夜拜訪。」

沒想到，鄧肯竟點頭答應了。

只是當作家走出門後，鄧肯也開始忙碌起來。她在房間裡鋪滿了喪禮用的白花，然後在屋裡點上了許多白色蠟燭，最後還準備了蕭邦寫的送葬曲。

當天晚上，作家興沖沖地來到。只見一身白衣素妝的鄧肯，嫵媚地將他推倒在椅子上，然後自己開始舞動了起來，一會兒將白色花瓣撒到作家身上，一會兒又叫琴師吹起送葬曲。

就這樣，她一邊跳著舞，一邊開始吹熄屋裡的點點燭光，直到只剩下作家身邊的那兩盞燭火。

屋內變得很昏暗，那搖曳的燈影和發著幽光的白色花瓣，再伴著淒冷的送葬曲，使得屋裡的氣氛變得十分詭異，更讓這位作家寒毛直立，只見他猛吞嚥著口水，心裡直嘀咕著：「不會是中邪了吧？」

就在他想像著鬼魅的可能性時，鄧肯忽然飄移到他的面前，將倒數第二根蠟燭吹滅，當她正準備吹熄最後一根燭火時，作家竟驚恐地大叫了一聲，迅速從椅子上跳了起來，旋即奪門而出。

看到結局時，你是不是忍不住拍案叫絕呢？

其實不喜歡對方，不必擺臭臉相應，學學鄧肯，想個能讓對方知難而退的好辦法，更能一勞永逸、永除後患。

不管是從鄧肯身上學習，還是從阿那克西米尼的表現中思考，我們都不難看見其中門道。無論是自救或救人，臨危不亂是基本，反應靈活是竅門，機智變通是要訣，只要把握這幾個要點，再大的危機都不過是小麻煩罷了。

風趣謙虛能增強你的魅力

懂得謙虛，在待人接物時我們便不致於誇大膨脹，也因為步步踏實，反而能讓我們更有自信地面對一切。

想要改變對方的想法，就要使用幽默的方法。

幽默是最強大的征服力量，既可以讓對方卸下原有的心防，也可以緩和潤原本僵持對立的氣氛，更能夠增強自己的魅力。

施萊艾爾馬赫是德國著名的哲學大師，還是個非常專業的神學家，在神職的工作崗位上表現得十分出色。

許多人都這麼稱讚他：「施萊艾爾馬赫的佈道對象非常廣泛，他的佈道真是男女老少都愛。」

的確，當其他神父佈道時，聽眾清一色都是些上了年紀的人，但是當施萊艾爾馬赫演講時，總是能吸引來自社會各個階層的人，不僅有大學生，還有不少貴婦及各級官員。

不過，當施萊艾爾馬赫聽到人們這麼讚美他時，卻是這麼解釋的：「的確，我的聽眾是由學生、貴婦和官員組成，學生們也確實是為了聽我演講而出現。不過，那些女人們來是為了監看她們的孩子，至於官員們，則是為了配合他們的女人才勉強出現的。」

聽見施萊艾爾馬赫謙虛的解釋後，我們反而更能了解他的魅力，不是嗎？

正是這樣謙虛幽默的態度，讓施萊艾爾馬赫吸引了這麼廣泛的聽眾，畢竟演講者若少了幽默感，是很難獲得聽衆的支持。因此，喜歡高談闊論的人，或是愛對屬下們精神演講的主管人物，不妨認眞地培養點幽默感，台下的人們自然樂於配合鼓掌叫好。

不過，除了幽默感之外，更不能忘記謙虛的態度。懂得謙虛，在待人接物時我們便不致於誇大膨脹，也因爲步步踏實，沒有虛構和浮誇，反而能讓我們更自信地面對一切。

畢卡索的畫作得到世人公認之後，便有許多收藏家開始以高價收買。他們哄抬的價格之高，經常令其他人望之怯步，甚至連畢卡索本人都自認買不起自己的作品。

某天，有一大群好朋友來拜訪畢卡索。在屋內，他們見到牆上掛了許多畫作，不過他們卻也發現，牆上的畫作竟然全部都是別人的作品，畢卡索自己的作品連一幅也沒有。

「畢卡索，你不喜歡自己的作品嗎？」朋友忍不住提問。

「不，我非常喜歡自己的創作，但是那些舊作實在太貴了，我買不起。」畢卡索這麼回答。

眞是因爲買不起嗎？

當然不是了，一向最肯定自己創作天分的畢卡索，應該比別人更懂得自己作品的價值，也無須花錢去買，不過當人們一窩蜂地拉抬他的作品價格時，他更懂得去尋找和自己截然不同的創作。

也許，我們可以這麼猜想，對他來說，與其高掛自己的作品，不如多欣賞其他藝術家的作品，更能讓他激發出全新的創作靈感。

生命本身不必過分張揚，風趣謙虛反而更能表現出你的不凡，只要懂得用幽默的方法，你同樣能風趣地表達自己的想法，進而改變別人的看法。

犯了錯，別再拖人下水

一人做事一人當，是要我們正視自己的問題，並靠自己的力量解決問題，因為我們沒有權力要求身邊的人分擔我們的過錯。

老朋友相見時，當然會有一番寒暄與問候，而且多半會從老問到少、從今天天氣問到昨天情緒，畢竟難得再見面，自然很想了解彼此這些日子的情況。只是問候關心前，還是多做點功課比較妥當，免得自己問錯話發生尷尬，更可以避免觸碰到他們不想提的傷心往事。

翰森和多納爾已經許久未見了。翰森一看見老朋友，第一句話便是關心地問候起他的孩子：「多納爾，這麼多年了，想必你兒子已經有番成就了吧！」

只見多納爾聳了聳肩，嘆了口氣說：「唉，他到底有多少成就我是不知道，不過政府倒是挺看重他。」

翰森先生不解地問：「哦，這怎麼說呢？」

多納爾回答說：「因為，警察不久前才貼出公告，說若是找到他可以得到十萬塊獎金。」

若非多納爾冷靜地自嘲，問錯話題的翰森恐怕不知道接下來要怎麼和多納爾交談吧！

從簡短的對話，我們聽得出多納爾對兒子的無可奈何，踏錯了人生的路，還被警方四處通緝，有這臭名遠播的兒子，對身爲父親的他來說想必是十分難堪的，而其中的傷心，局外人也不難深刻感受到。

但他還能自嘲，或許他早就看開一切，只是，身爲人子的人怎能讓雙親獨自面對這樣的傷心、難堪？

對父母親該有體貼孝順的心意，對於身邊的親友，我們更應該設身處地的替他們著想，不該是老想著利用他們來拓展自己。

可惜，這類例子從來都沒有少過，其中最常見的就像以下這則故事。

某個小鎮的鎮長不時為了堂兄的言行苦惱。

原來，他的堂兄非常狂妄，很喜歡搬出鎮長之名來向他人炫耀、施壓，特別是當犯下了違規事情時，鎮長肯定會被他拖累。無可奈何之下，鎮長只好對下屬們說：「記住，你們務必要謹守自己的崗位，千萬不要理會我堂兄的搬弄或恐嚇。你們有你們的職責，只要他犯錯，你們根本無須考慮到我。」

得到鎮長的授意，警察和官員們對於那名堂兄再也不畏懼了。

有一天，那位堂兄又鬧事，因而警員到場將他帶回警局審訊。

這堂兄發現警察們的態度大不如前，氣憤地辱罵著：「你們這些王八蛋，你們不知道我是誰嗎？」

局長走了出來，冷靜地看著他，然後拿起電話撥到鎮長辦公室，接著不慌不忙地說：「請告訴鎮長，他的堂兄目前正在警察局，但他的情況很糟糕，似乎已經忘了自己是誰了。」

生活中，許多人不也如此，開口閉口都是：「你不知道我是誰嗎？」犯了錯不冷靜深思自己的過錯，老是抬出親朋好友的名號施壓，或是手忙腳亂地找人幫忙關說，看在別人眼中，只不過是跳樑小丑。

像這種忘了自己是誰的人，要是倚靠的勢力不再，而犯錯又已成了習慣，最終下場可想而知。

時時提醒自己，別犯了錯就想拖身邊的人下水，要正視自己的問題，靠自己的力量解決問題，因爲我們沒有權力要求身邊的人分擔我們的過錯，更沒有資格要求親友替我們的過失收尾。肯面對錯誤，人們便願意包容原諒並給予支持，最重要的是，能面對過錯，我們才能避免再次犯錯。

多觀察一點，才能識破虛偽狡詐

適當的懷疑並非壞事，對人多一點點提防，也多一點點觀察，我們才能阻隔那些虛偽巧詐的人，讓更多真心誠意的人與你我牽繫。

讓人發噱的幽默言談，往往更能讓對方深思你要表達的意思。

當你面對一樁又一樁的惱人事情，面臨受也受不完的鳥氣，與其憤怒地破口大罵，還不如想辦法透過幽默的方法，婉轉說出自己的看法。

有個法律系的學生被安排到法院實習，碰巧遇上一件殺人案沒人審理，因而獲得審問罪犯的機會。

只見學生指著凶器問被告：「你見過這把刀嗎？」

被告搖頭說：「沒有！」

實習生見被告否認，為求慎重，反覆地訊問被告，不過被告始終堅決否認，直說：「沒見過！」

退庭後，實習生反省自己，總覺得表現不佳，「不對，一定是我的態度不夠嚴厲，缺乏威嚇的力量，明天我一定要表現出威嚴，才能鎮懾住對方。」

於是，第二天開庭時，便見實習生緊皺著雙眉，並睜大了雙眼，然後拍著桌子厲聲問道：「說！你見過這把刀嗎？」

「見過！」被告低聲回答。

見被告承認了，實習生更加確定威懾力的作用果然重要，於是他又猛地拍了一下桌子，問道：「說！是什麼時間？什麼地點？」

「昨天！這裡！」被告顫抖地說。

很有意思的結果，所謂「威嚇」的功效大概就像故事中的情況，只不過被告的答案令人啼笑皆非。現在，我們再看一個類似的例子。

話說在另一個法庭上，有位法官問嫌疑犯：「你見過這把刀子嗎？」

「當然見過。」嫌疑犯說。

「這麼說，你認得這把刀子？」法官追問。

「是的，一連三個星期，您每天都把拿它給我看，我又怎麼會不認得它呢？」嫌疑犯一派輕鬆自在地回答。

兩則不同的故事卻有相同的答案，讀完後你有了什麼樣的看法呢？

當我們走出法庭回到現實生活中，想起與人交流時所遇見的虛情假意，或是讓人嗤之以鼻的奉承恭維，其實不也和故事中的案例相似嗎？很多時候，我們不也難辨其中眞僞？

就像第一個例子，看似被震懾住的被告，到底是眞冤屈還是假畏懼，也只有他自己知道，要想從顯現於外的委屈面容看出眞相恐怕很難。

這樣的結果說明，想看見人們的眞心或是確實評判出對方的眞假，用威嚇的方式是行不通的。

那麼，我們要怎麼樣才能確信對方的心是眞誠的呢？

除了時間，還需要敏銳的觀察力和判斷力。不是人人都値得我們掏心掏肺，好比有些人看起來畏縮，並不代表我們可以輕忽鄙視，因爲一旦機會到手，他們也許比我們還敢拼搏。

反之，有些人看起來一派大方，也不代表我們能夠與之相互扶持、共享福禍，因爲除非事到臨頭，否則測不出對方的心眼到底是寬闊或狹隘。

人心難測，即使是再公正的法庭、再神聖的教堂，也無法探測出僞善者的心。因此，適當的懷疑並非壞事，對人多一點點提防，也多一點點觀察，我們才能阻隔那些虛僞巧詐的人，讓更多眞心誠意的人與你我牽繫。

別輕忽人們給你的否定聲音

別再輕忽別人的否定聲音，也許這些聲音不太悅耳，但是唯有找出原因，坦然面對、積極修補，自己才有進步的考能性。

曾經有位鋼琴家對作曲家雷格說：「我發現自己最近的演奏功力進步神速，想買一架新的鋼琴來練習，還有，我很想買個音樂家的半身塑像來裝飾我的新琴，你說，我買莫札特好呢？還是貝多芬比較好？」

對於眼前這位所謂的鋼琴家，雷格可是從未肯定過他的才能，因而立即回答：「我看還是買貝多芬吧！反正他是個聾子！」

聽見人們的冷嘲熱諷確實難受，我們也知道要給人多一點肯定與支持，少一點否定和諷刺，但有些人的確需要一點刺激。有時候，適時也適度地給人一些否定看法，反而能給對方更大的思考與反省空間，或是讓他們看見自己還有待補強的地方，一如雷格坦白給予鋼琴家的眞心話。

古希臘哲學家第歐根尼經常在大白天也提著燈走路，人們碰到他時，都忍不住要問他：「先生，您為何在大白天提燈呢？」

哲學家回答說：「我正在找人。」

這個答案其實是哲學家在諷刺當代社會中，沒有一個人真正配得上「人」這個字的。正因為他抱持著這樣的觀念，因而當亞歷山大大帝前來拜訪他時，他的態度依然十分耿直，不像其他人那樣謙恭卑微。

當時，亞歷山大態度謙卑地對他說：「先生，如果您有任何需要，請儘管說，我一定會滿足您的一切需求。」

第歐根尼點了點頭，然後卻爬進酒桶裡，接著說：「好，希望你能讓到一邊去，因為你遮住了我的陽光。」

因爲第歐根尼心中唯一的盼望，是能找到一個眞正的「人」，所以外在的權勢富貴根本對他毫無影響與作用。

換句話說，或者第歐根尼心中最盼望的，其實是你我能從他的「否定」中仔細思考，尋求該如何讓自己成爲一個眞正的「人」吧！

從故事中延伸出來，當我們聽見人們的嘲諷或否定時，也應該先反省自己，想一想自己是不是眞如對方所說的尚有不足，或是我們自傲的能力，在對方看來不過是小聰明而非眞有實力。

相對的，別再輕忽別人的否定聲音，也許這些聲音不太悅耳，但是唯有從中找出他們否定的原因，坦然面對、積極修補，自己才有進步的考能性。

凡事多替別人想一想

記得與人交往時，多從對方的角度看事情，多了這一份體貼心，將能贏得更多人的好感與信任。

激勵作家約瑟夫．紐頓曾經寫道：「化解矛盾的最有效方法就是幽默。只要適時運用幽默的方法，就能避免彼此爭論、對立，而且可以使對方瞬間恍然大悟，理解自己犯下的錯誤。」

幽默的語言是化解自己和別人衝突的最佳應變智慧，懂得運用幽默的方法表達自己想法，不僅可以替自己解圍，同時也會適時改變對方的想法。

賈這天買了三斤豬肉回家，請妻子要好好烹調，旋即轉身出門去。就在賈回家吃飯前，許久未嚐鮮肉美味的太太，竟然邊做菜邊將肉吃光了。

午飯前，賈按時回到家中，並滿心期待著妻子將豬肉料理拿出來。未料，妻子卻對他說：「其實，事情是這樣的，那塊肉被貓吃光了。」

「被貓吃了？」

賈回頭看著安靜臥在地上的貓，狐疑地走了過去，然後將貓抱起來，放到磅秤上秤重。

「咦？正好三斤，不對呀，如果那三斤肉全變成了貓，那原來的貓跑到哪兒去了呢？又假如這三斤是貓，那塊豬肉又跑到哪兒去了呢？」

賈斜睨著說謊的妻子，卻見她滿臉尷尬地笑著。

要戳破謊言，其實不必太繁瑣的計算，也不必多仔細的追根究底。賈沒有大聲斥責老婆，而是聰明地借用「貓的重量」找出眞相，結果似乎比怒目相向來得有效。

轉念一想，吃都吃了，怒火再旺也無濟於事，徒然讓自己肝火高燒，造成夫妻吵架還算事小，萬一不小心拖累了身體，那可一點也划不來呀！

聰明的賈當然知道這個道理，所以利用貓暗中告訴老婆：「我知道肉是被妳吃了，妳定然知道肉的美味，我願意體諒妳的情不自禁，不戳破妳的謊言，但請以後在品嚐美味時，別忘了妳老公呀！」

知道賈真正想告訴老婆的話了嗎？

很簡單，那就是：「在做任何事前，別忘了替別人想一想！」

夫妻相處之道如此，與人相處更應該如此。當別人相信你，把心中秘密與你分享時，都是怎麼看待的？

有個朋友神秘兮兮地問霍加：「你知道我們城裡誰最能保守秘密嗎？」

霍加笑著說：「我只知道，別人的心靈並不是我的穀倉，所以一直到現在，我還沒有向誰揭開過自己心中的秘密。」

別人傾訴心中私密的困擾，也大方和我們分享生活中的隱私，本意只是想找個信得過的人分憂解勞，我們又怎能把他們的隱私當娛樂話題，和其他無關緊要的人大談這些是非呢？

資訊傳播發達的時代，訊息傳播之快超乎你我的想像，人們對於是非八卦的偏好，也漸往毀人聲譽的方向發展，很多時候因爲一個輕忽不在意，隨口一句話就害得人放棄生命，犯下了無可彌補的過錯。

因此，做任何事前，請多替人想一想！

我們應該時時從別人的立場設身處地想一想，想著感受相同的傷害，與被揭隱私後的傷痛，相信不難感受到其中的難堪與痛苦。

感受到其中辛苦後，記得與人交往時，多從對方的角度看事情，多了這一份體貼心，將能贏得更多人的好感與信任。

用機智解決問題，生活才會順利

想時時順利，就得用心思考生活中的每一步，認真培養臨危不亂的膽識，也努力養成見機行事的機智。

你是個有小聰明的人嗎？你自覺有顆聰明的腦袋瓜嗎？

那麼，對於老天爺特別賜予你的聰明智慧，你是否懂得好好利用？還是老用小聰明到處製造問題？

聰明的人懂得運用機智解決問題，至於僅有小聰明的人，遇到不如己意的事情，就會原形畢露，滿嘴粗話。

其實，想讓對方改變想法，不一定要暴跳如雷，破口大罵。如果能用幽默的方法表達自己的看法，對方的體悟必定更加深刻。只要能保持幽默的心情，再機車的人，再棘手的事情，也可以輕輕鬆鬆搞定。

有一個工匠受命為國王打造一副盔甲，盔甲完成後，國王便命人將盔甲穿在木偶身上，然後，還親自檢驗它是否堅固，能不能護住身體。

只見國王朝著盔甲猛刺一劍，旋即便見盔甲上出現了一道很深的裂痕。國王一看到這個裂痕，大怒道：「這什麼東西？能保護我嗎？你回去再做一副更好的盔甲來，要用心啊！要是新盔甲同樣不堪一擊的話，你的腦袋就不保了。」

工匠一聽，嚇得渾身發抖，轉念想到了仁慈的宰相比爾巴。

「大人，請您一定要救救我啊！」工匠哀求道。

比爾巴了解情況後，也認真地幫他想出了一個對策。

沒隔幾天，工匠送來第二副盔甲，但卻請求讓自己穿上盔甲進行檢驗，國王答應了，並派了一個最機靈的士兵出場試驗盔甲。

然而，當士兵舉劍準備刺向工匠時，工匠卻突然大叫一聲，朝著士兵猛然撲過去。這士兵被工匠突如其來的舉動嚇到了，結果他的劍還沒有刺出去，就已被驚嚇得退了好幾步。

國王斥問工匠：「你在幹什麼？為什麼要這樣做？」

工匠回答說：「國王陛下，我的盔甲可不是做給木偶穿的啊！試想，當敵人猛刺過來之時，穿盔甲的人必定會反抗，不是嗎？這樣一來，盔甲並不會那麼輕易被擊破呀！」

國王聽了工匠的話，點了點頭，但旋即一想，工匠不可能會有這樣的機智巧思，便追問這個回答怎麼來的。

工匠只得老實對國王說：「是比爾巴教我的。」

「果然如此。」國王印證了自己的推測，笑著點了點頭。

擁有比爾巴這種臣子的國王看來是全天下最幸福的君主了，能有如此聰明的人輔佐朝政，國政自然清明，人民也能更安心居於天子腳下。

從宮廷走出來，我們處世時不也應該培養這樣的智慧？

第一步要能了解人性與人心，我們才能像比爾巴一樣，能在非常時候審時度勢，爲人解題。第二步便是要有公正與仁愛之心，這不僅能獲得人們的支持與信任，最重要的是，能得到對手的信服。

聰明的腦袋不是用來製造問題，而是用來解決問題的，處世首要是求人和，而非與人相爭。生活要能平順無憂，我們得時時告訴自己：「處事一定要冷靜思考，理性處理。」

在人生路上，沒有人不想時時皆順利。想順利，就得用心思考生活中的每一步，認眞培養臨危不亂的膽識，也努力養成見機行事的機智。

輯6.

不肯認錯，小心自食惡果

犯了錯不妨給自己面對錯誤的勇氣，

試著自我解嘲，

要是明明犯了錯卻還要強詞奪理，

推卸責任，終會自食惡果！

用錯小聰明只會敗壞名譽

處世態度輕慢的人，人們自然也不會太謹慎對待；與人交流時若是表現輕佻，那麼也難得到人們的認真對待。

有個年輕人寫了一封信給一間刮鬍刀製造商：「先生，在這封信內我附上十元美金，想購買貴公司最近廣告宣傳的刮鬍刀一把，在此向您表示謝意。」

不過，信末他卻附了一行加註：「對不起，忘了裝十元美金，不過我相信，像你們這樣注重信譽的公司，一定會把刮鬍刀寄給我的。」

不久，年輕人收到該公司的回覆：「敬愛的先生，感謝您寄來寶貴的訂單，信已收到，我們也及時回覆了，我們立即寄給您刮鬍刀一把，希望您會喜歡。」至此一切看似順利，但對方也寫了一條附註：「對不起，匆忙中忘了將刮鬍刀裝入，不過，毫無疑問的，我們可以相信一件事，像您如此照顧臉皮的人，肯定暫時用不著它。」

這則故事中的年輕人與製造商同樣具有智慧，但其中的差別是，前者「賣弄小聰明」，後者「發揮小智慧」。

年輕人看似大展才智，事實上卻是曝露自己的無知，在帶點威脅「名聲信譽」的字句中，不難看出年輕人的生活態度與處世觀念。在那自作聰明的巧思中，他明白宣示自己無賴的性格，以及好逸惡勞的個性。

不要把表現小聰明或耍嘴皮當趣味遊戲，如果使用過量，不僅無法緩和人際關係，反而會讓人際出現間隙，更甚者，還會讓別人產生否定的印象。

有個年輕人對著售票員說：「小姐，我可以買兒童票嗎？」

售票員抬頭看了年輕人一眼說：「二十塊，謝謝！先生，請您記住一件事，我們這裡是以年齡計價，不是以智力來計算。」

不要高估了自己的聰明，也不要低估別人的智慧，這兩則故事都告訴我們，不管是售票員的反諷，還是刮鬍刀公司的嘲弄，都讓我們明白，不懂自重的人也得不到人們的尊重。

與其開玩笑買一張「兒童票」，或許無傷大雅，然而面對認真且忙碌於票務工作的人，不如給他一句「辛苦了，謝謝」的肯定，絕對比一句輕佻調侃的話來得讓人心動。處世態度輕慢的人，人們自然也不會太謹慎對待；與人交流時若是表現輕佻，那麼也難得到人們的認真對待。

開玩笑必須要選對情況和時機，不是所有人事物都可以開得起玩笑，也不該不分時機場合都可以賣弄小聰明，該嚴謹時便應嚴謹以對，需要輕鬆的時候，便要有微笑應對的智慧，如此才能讓人敬重，也讓人願意親近地互動。

把問題簡化，難題自能輕鬆解答

當面臨問題時，我們隨時要提醒自己的，不是「預想可能的結果」，或是「猜想可能的困難」，而是要問：「你到底想不想把問題解決？」

有四位紳士準備開始賭博，遊戲前，有人對其中一名賭友說：「你到門外看看有沒有警察。」

這賭友答應後，連忙跑了出去，但大家等了快半個小時才見他進門。

「拜託，你是跑到哪兒去了？」友人氣呼呼地質問他。

只見他氣喘吁吁地說：「你們不是叫我看看沒有警察站在門外？我就是沒看見啊！所以，特地跑到警察局那兒叫一個來！」

「……」朋友們聽了差點暈倒，一個個瞪大了眼看著朋友，旋即手忙腳亂地整理桌上的物品。

那個賭友眞是笨得可愛，像這樣少根筋的人，若是將大事交給他處理，恐怕會被他弄得一塌糊塗吧！

不能依情況變通的人，不太懂得活用大腦的人，好事也會被他搞成了壞事，甚至連簡單的問題也會被複雜化，就好像下面這則故事中的阿肯。

「阿肯，如果你在沙漠中遇見獅子，那頭獅子拼命地追你，想把你一口吃掉，這時你該怎麼辦？」朋友問。

「啊，那很簡單啊！我會拿步槍掃射牠，直到牠中彈死去。」阿肯說。

「要是你沒有步槍呢？」朋友又問。

「那我就把手槍拿出來啊！」阿肯說。

「是嗎？要是連手槍也沒有呢？」朋友問。

阿肯說：「我總還會短刀吧？我會用短刀和牠拼了。」

「那要是你連短刀也沒有呢？」朋友不放棄地問。

「那更簡單了，我只要把皮襖脫下來塞進牠嘴裡就行了。」阿肯說。

「皮襖？阿肯，你有沒有搞錯，在那樣酷熱的沙漠裡，你怎麼可能穿皮襖啊？」朋友不解地問。

「親愛的，我真搞不懂，你到底是站在我這邊，還是站在殘暴的野獸那一邊呢？請問你到底希望誰贏啊？」阿肯不悅地說。

生活中，我們不也經常遇到像阿肯朋友一樣的人？

這一類人的特徵是習慣用複雜的思考去解答簡單的問題，所以把原本簡單幾個動作便能解決的事糾成死結。

面臨問題時，應該做的不是浪費時間「猜想」，不管事情怎麼演變或有多麼麻煩，我們隨時要提醒自己的，不是「預想可能的結果」，或是「猜想可能的困難」，而是要問：「你到底想不想把問題解決？」

想解決問題，當然會努力想辦法，一次過不了關，就積極再想下一個方法，其他多餘的煩惱、擔心都不去多想，因爲連想法子都來不及了，怎麼還有餘力想到未來的問題？

莎士比亞曾經說過：「人若是神經緊張，凡事都要擔憂，就會猶豫不定，反而把事情耽誤了。」

所以，現在什麼都別再多想了，只要告訴自己：「我一定能解決！」

不要成為問題惡化的幫凶

很多時候自己就是促成問題惡化的幫兇，當他人對我們出聲否定時，應該想的不是人們的偏見與狹隘，而是要仔細想想並看清自己的不足。

某教區的牧師生病了，因而教堂人員臨時從別處，請來一位以「話多」聞名的牧師暫時代替。

誰知，這名牧師站上講壇時，卻發現現場包括唱詩班的人在內，一共只來了十名聽講的信徒，不禁十分生氣。

事後，他對著教堂人員抱怨：「喂，今天怎麼這麼少人出席，難道你們事先沒有通知大家，說我要來這兒嗎？」

「沒有。」教堂人員說。

到底在搞什麼？牧師聽了這話更加生氣，怒氣沖沖地說：「我就知道，看你們幹了什麼好事！」

沒想到教堂人員旋即又客氣地道歉說：「對不起，我們真的不知道怎麼會『消息走漏』了。」

牧師聽了這個回答想必怨怒更甚，只是怒氣再大，也解決不了信徒抗拒的事實，這時，牧師該檢討的不是「爲什麼信徒不聽講」，而是「爲什麼信徒不想聽」，他該做的是「自省」，然後才能全面性地找出問題的根源。

知道信徒不是因爲「消息未發」，而是「消息走漏」，所以不出席時，牧師便應該知道問題的重點，既然問題是出在自己身上，那麼他便該先「反求諸己」，然後才要求他人。

而且，人心藏不住，若是強迫出席，信徒的反應將更爲直接，那麼他將面對的尷尬難堪，恐怕會更加強烈。

人的問題絕對不會是只是「一個人」的問題，而是所有相關的人都應該檢討反省的課題，能夠如此，不只能使自己擁有良好的人際關係，還能因爲冷靜且理性的舉動，讓彼此擁有更好的互動交流。

這個觀念延伸至社會環境中，我們可以再引下面這段常見的對話反思。

法官：「為什麼你要欺騙那些相信你的人？」

被告：「因為，想欺騙那些不相信我的人，根本辦不到，法官先生。」

簡單的對話，一語道盡了人性的灰暗面。看看社會上那些層出不窮的詐騙案件，人們往往只知一面倒地怒責他人的欺騙，卻很少有人會認眞檢討自己爲什麼會一再受騙上當。

爲何有人總能躲過這些不必要的欺騙傷害，自己卻怎麼躲都躲不過，甚至還一再受騙上當？

問題不會是單方面的責任，很多時候自己就是促成問題惡化的幫兇，一如犯人引出的重點。正因爲人們選擇「上當」，所以讓他們有機可乘；正因爲人心貪婪，所以他們能成功地挑撥、誘惑；也因爲人們不能冷靜理性地處理事情，所以他們得以一再地引人跳入陷阱中。

凡事從自己開始吧，當他人對我們出聲否定時，應該想的不是人們的偏見與狹隘，而是要仔細想想並看清自己的不足。當自己受騙上當時，首先要做的不是斥責惡人惡行，而是要想一想，爲什麼自己不懂得機智應對、理性思辨，聰明地阻止壞事發生。

少一點計較，就能體會生活的美好

渴望無憂的生活，重要的是減少計較心理；希望快樂的人生，重要的是事事都能微笑淡看，少一點埋怨與敵對，自然能享受生命的快意和美麗。

牧師微笑地問一名新兵：「你們每天都會禱告嗎？」

士兵們回答：「會。」

牧師點了點頭：「很好，那是什麼時候？飯前嗎？」

只見士兵聳了聳肩說：「不一定，得看那天菜色如何。」

心裡的祈禱出現了現實的計較，相信牧師聽了一定非常感嘆，然而像這類情況卻很尋常，我們經常可以見到一些喜歡求神問卜的人，嘴裡不也經常叨唸著「請神明幫忙」，若是願望不能達成，又往往埋怨天地的無能？

問題是，這個「願望不能達成」的責任眞的該怪老天爺嗎？

禱告的心態若是有所要求，那麼不管怎麼祈求都無法得到祝福，如果生活中總是帶著「埋怨」或「不滿」，只知道向上天或神明尋求安撫安慰，那麼內心永遠也無法得到眞正的紓解，就好像下面這兩位旅人一樣。

有兩個來自不同國家的冒險者在非洲巧遇，其中一名男子問另一個男人：「你怎麼會想到這兒探險？」

男人說：「我原本就喜歡探險，不過真正讓我走出來的原因，是因為我實在厭倦了城市的生活，只要一想到城市中的汽車廢氣和泥濘道路，渾身就不對勁，你不知道嗎？城市中的氣候實在糟糕透了。我喜歡大自然，喜歡聽鳥兒的叫聲，更喜歡走進那些人跡罕至的神秘地方。」

「那你呢？你為什麼到這兒來？」男人反問。

「唉，我之所以來這兒，是因為我兒子整天都在練薩克斯風！」男子說。

因爲想圖個安寧，因爲城市混亂，所以想親近樸實的大自然景觀，所以遠離現代文明，然而這也只能躲得了一時，最終兩個男子不也還是必須回到城市中，繼續面對城市文明與兒子的薩克斯風聲？

與其像士兵們一樣在意菜色是否豐盛，倒不如感恩知足，把能填飽肚子的食物都視爲人間美食。帶著一顆惜福的心，更能讓人得到心靈與生活的充實。

同樣的，拋開煩躁心情，就能聽見並感受大地的呼吸，就會明白如何讓人類文明包容自然天地，即使處在城市之中也能享受自然的風光美景。

把心打開，認眞感受也享受生活中的一切，自然其實早在你我身邊。渴望無憂的生活，重要的是減少計較心理；希望快樂的人生，重要的是事事都能微笑淡看，少一點埋怨與敵對，自然能享受生命的快意和美麗。

不肯認錯，小心自食惡果

犯了錯不妨給自己面對錯誤的勇氣，試著自我解嘲，要是明明犯了錯卻還要強詞奪理，推卸責任，終會自食惡果！

有輛轎車一連闖了兩個紅燈，這才被交通警察攔了下來。

「你沒看見紅燈嗎？」警察怒喝道。

沒想到駕駛竟一臉無辜地說：「唉，我有看見紅燈，只是沒看見你。」

相信遵守交通秩序的人聽見這個駕駛的說詞，都會感到既好氣又好笑，然而這一類人總是如此逃避自己應該面對的錯誤。

別把闖紅燈當作闖關遊戲，若是等到了「game over」，才醒悟自己所犯的錯，恐怕爲時已晚。

如果犯了錯，卻被人點破，就更該勇於面對，不要像下列故事中的艾爾一樣支吾逃避，那只會讓人更加不屑。

艾爾興奮地朗誦了一首詩給來訪的朋友聽，還說這是他的最新力作。

「你們覺得怎麼樣？」艾爾問朋友們。

「很好！不過……可惜的是，那好像是從一本書上偷來的。」一位朋友說。

艾爾聽了非常生氣：「你……你說什麼！胡說八道，我要求你道歉！」

朋友點點頭說：「好！我願意更正這個錯誤。」

話說完，那個朋友忽然從袋子裡拿出一本書，說道：「對不起，剛才我說那首詩是從一本書上偷來的，這的確不對，因為我這會兒翻開來看，發現詩句還好好地躺在書本裡。」

儘管艾爾辯稱詩句是自己的創作，但朋友手中有書，逐句對照的結果若是一字不漏，艾爾恐怕要面對極度尷尬的場面，但若坦承並非蓄意抄襲，只是拾人牙慧，企圖賣弄文采，也不會弄巧成拙，讓自己一再出糗！

兩個故事，兩種不同的錯誤狀況，卻同時點出了現代人常見的問題——不肯面對。英雄般的假面具總會被拆穿，若不是真英雄卻強裝勇猛，只會讓自己糗態百出，甚至讓人從此鄙夷輕視。所以，犯了錯不妨給自己面對錯誤的勇氣，試著自我解嘲，不要等到別人發現，自己先把面具拆了吧！

要是明明犯了錯卻還要強詞奪理，推卸責任，即便成功推去責任，存在心裡的責難，恐怕將帶來終生的折磨。

逃避、閃躲責任與錯誤，心理負擔非常沉重，若把犯錯當糖吃，一旦吃上了癮，終會自食惡果！

面對錯誤絕對比逃避責任來得安全，也更能獲得人們的諒解，畢竟人非聖賢，難免會犯錯，只要勇於面對，肯承擔責任，最終人們只會記得你的勇氣與未來的成就，忘了那個曾經犯下的過錯。

控制情緒，才能爭得佳績

少說情緒話，保持冷靜理性、耐心等待、冷靜思考，等到最好的時機才出手，然後準確地為自己爭得必勝的佳績。

「喬納，為什麼馬車夫的鬍子有棕色、黃色、白色及黑色，卻沒有綠色的呢？」傑克問道。

喬納說：「這個問題嘛……給我一點時間思考。」

片刻後，傑克又問：「喬納，把馬兒套在馬車上時，為什麼是馬兒的尾巴對著車身，卻不是馬頭對著車身呢？」

喬納笑著說：「我想到答案了！我要同時解答這兩個問題。如果馬車夫的鬍子是綠色的，那麼馬夫在套馬的時候就不會讓馬頭對著他，因為這麼一來，馬兒會把馬夫的鬍子誤認為是好吃的綠草，衝上前去狠狠地咬傷馬車夫。」

面對傑克有心爲難的問題，聰明的喬納給了他一個絕妙的答案，不只把問題解決，更爲自己爭得一個聰明智慧的肯定。

處理問題不要太過於心急，先冷靜下來，理性地思考之後，自然能想出絕妙的好答案。面對生活中各式考驗和阻礙，如果不能冷靜應對，而是任由情緒宣洩，通常只會讓人醜態畢露，不只無法突破困境，有些時候反而還會幫助對手提早擊倒自己。

如果覺得喬納的機智反應不易學習，那麼就看看布克鄰居的聰明反應！

布克苦著臉對鄰居說：「你能不能借一點錢給我？」

「你需要多少錢？」鄰居問。

「五十塊美金。」布克說。

聽了布克的要求後，鄰居沉默很久，也讓布克站在門口等了很久。最後布克實在忍不住了，問道：「你為什麼不說話？這錢應該不多吧！」

「是不多，不過，與其讓你欠我五十塊美金，不如讓我欠你一個回覆，我想這對我來說還是比較划算！」鄰居笑著說。

不想借錢卻又不想撕破臉，所以鄰居沒有直接說「不」，而是轉個彎讓布克知道他「不想」，如此溫和地拒絕，是爲了保持兩個人的友誼，相信布克聽了也不好意思再開口要了。

不管是誤認綠草的想像，還是寧願欠人一個回覆的理由，無非都是想讓人明白，不管生活中遇到什麼樣的麻煩或爲難，總有辦法解決，只要不用情緒面對，冷靜運用自己的智慧，再艱難的問題也能找出答案。

與人交往的過程中，少說情緒話，想解決問題就要保持冷靜理性。聰明的人面對難關與敵人時不會急著出招，他們會耐心等待，冷靜思考，等到最好的時機才出手，然後準確地爲自己爭得必勝的佳績。

換個角度，不要老自以為是

不管我們站在什麼角度或角色，沒有人特別偉大，唯有站在齊平的位子上，才能找到希望的幸福。

有個日本女孩正在填寫一份員工資料表，表格前幾欄很快地便填好了，但到了「婚姻狀況」這欄，卻讓她停下來思考了好一陣子，這一停筆竟然停了十分鐘之久。

她猶疑了好一會兒，最後才寫下：「有希望！」

好一個「有希望」，只是看了這個頗有創意的答案，眞不知道該莞爾一笑，還是帶點感傷嘆息才好！

面對婚姻，許多女人總是懷抱著執著和期望，即使要辛苦等待，也依然願意含淚守候，只是盼望的那個幸福伴侶，往往與夢想不符，讓一切等待與期盼徹底落空，一如下面這個例子。

夜已深，有一戶人家的電話忽然響起，電話筒那一頭傳來一個陌生女子的聲音：「天哪！我恨透我的丈夫！」

這戶人家的主人連忙說：「太太，您打錯電話了。」

但是，這位陌生女子似乎沒聽見這句話，仍然滔滔不絕地說下去：「你知道嗎？我有五個孩子要照顧，幾乎從早忙到晚上，他還以為我一天到晚都在享福。有時候，我想出去散散心，他都不答應，可是他自己卻每天晚上都出門，總是推說有應酬，騙誰啊！」

主人說：「太太，真的很抱歉，我不認識您，能不能……」

「你當然不認識我了！我也不認識你，可是這些話我若是對親朋好友或認識我的人說，肯定會鬧得滿城風雨，唉，現在我說了出來，心情也舒服多了，謝謝你！」說完，她便掛斷電話。

暫不討論男人女人的問題，先針對故事點出一個你我都可能發生的情況，那便是「站立的角度」。是的，大數人只懂站在自己的角度想問題，或是用自己的標準看事情，一如故事中女人談及老公的「認爲」，他認爲老婆在家很輕鬆，只有他一個人最辛苦，一家人他犧牲最大，所有人都應該體諒他，甚至只能乖乖聽話，其他家人不能多說一句話。

這種想法與做法是正確的嗎？

家庭也是一個小團體，不管組合成員有多少，同樣都是分工合作著維護這個家，讓這個家不致失序，不致出現困境。所以，彼此都應該學會互相體諒與體貼，因爲在這裡每個人都一樣重要，每個人都同樣辛苦。

不管我們站在什麼角度或角色，沒有人特別偉大，男人跟女人更沒有誰高誰低之別，唯有站在齊平的位置上，才能找到希望的幸福。

抱持真心，自然能得到人心

當心中對目前的人事物產生否定念頭，熱情自然消散，真心自然不再，態度也會變得敷衍了事，試想，抱持如此心態又怎麼抓住手中的機會？

艾倫說：「自從海斯失業之後，大約有一半以上的朋友都不認識他了。」

「是嗎?那他另外一半的朋友呢？」朋友問。

「另外一半啊，他們還不知道他已經失業了。」艾倫回答。

簡單的兩句話道盡了人情冷暖，也道盡了人心的現實。

只是，在這個現實的社會中，利字當頭，爲求生存，人們會想依草附木也是正常的心態，雖然見風轉舵讓人寒心，但與其悲憤面對，不如坦然應對，聰明地從這些人的「現實」作爲中，分出眞心與假意之別，也看清良朋益友與酒肉朋友的不同。

當然，不論眞實情況如何，沒有人會是完全孤單地活著，只要我們不是以虛僞的態度對人，身邊總會有眞心的朋友。同樣的，只要我們不斤斤計較地與人相交，自然也會得到人們無私的回應與回饋。

所以，當我們嘲諷他人現實態度的時候，也別忘了回過頭來，檢視自己付出的情感究竟是眞是僞，因爲我們在喟嘆世人勢利、眞情難得時，其實也常常忘了付出自己的眞心。

在職場工作中也是同樣的道理，問問自己對於工作的付出是否眞切與執著，是否眞的投入其中，又是否付出了努力，再檢討別人吧。

喬治在這間銀行工作了十年，至今仍然只是個小職員，很想轉換跑道：「不行，我得找找其他更好的工作才是！」

可是，找到新工作之前，喬治擔心丟掉目前的工作，於是想出了一個妙計，只見他的應徵信上寫著：「救命！我是盧里塔尼銀行的囚犯！」

喬治把這封「求救信」寄給不少大公司，請求他們給予工作機會。

不久，喬治的經理從俱樂部朋友的手裡拿到這封信，第二早上便把喬治叫進自己的辦公室，語帶諷刺地對他說：「喬治，我這兒有一個好消息，本行決定從今天起還你自由！」

談及工作，我們經常會聽見人們說，自己已經很努力了，可是原有的熱情卻被現實漸漸澆熄，也因爲這個理由，對於眼前的工作越來越覺得意興闌珊，也越來越多怨言和不滿。直到失去工作機會的時候，對於過往的一切，他們只懷著更多的否定情緒。

所謂的騎驢找馬，與喬治的情形類似，諷刺的是，大多數人也和喬治一樣，因爲不知道如何分別自己實際的需要，把自己形容爲工作的囚犯，其實根本是「不知道自己要什麼」。

這就和交朋友一樣，目標不明確，情感不踏實，當然難得圓滿的結果。當心中對目前的人事物產生否定念頭，熱情自然消散，眞心自然不再，態度也會變得敷衍了事，試想，抱持如此心態又怎麼抓住手中的機會？

其實，不管是「人和人」還是「人對事」，遊戲規則都一樣，把心力投注進去，不計較付出多寡，不計較何時得到回饋，總能等到想要的結果。

這其中又以「人對事」的成效最爲顯著，至於人與人之間的結果，只要不再計算收穫，打開心房，自然能得到溫暖的人心。

學會珍惜，能讓空虛感遠離

當我們看著屋裡越積越多的事物，不是反而更添困擾，困惑自己到底還要用多少東西才能將心填滿？

老郵差約翰的時間到了，壽終正寢，孩子們幫他們舉行一場十分氣派的葬禮。由於這些年來，約翰非常努力且辛苦地為大家服務，所以該區不少感念他的人紛紛前來送他最後一程。

牧師也有感於約翰的努力與付出，因此決定好好地朗誦一首詩來感謝他：「冬天，大雪紛飛、寒風刺骨的時候，他來了；春天，道路泥濘、雨水豐沛的時候，他來了；夏天，塵土飛揚、太陽炙熱的時候，他來了；秋天，細雨綿綿、寒氣襲人的時候，他來了。」

一番感念與祝禱後，人們從教堂走出來，這時阿爾賓對奧洛夫說：「奧洛夫，牧師今天唸的詩句真是感人。」

「是的，真的很不錯，不過他實在沒必要唸那麼長的詩句，他只要說約翰在各種鬼天氣都會來就夠了！」奧洛夫說。

也許奧洛夫的話讓人感到不悅，只是卻很坦白，畢竟人都已經走了，再多的讚美詞句他也無法聽到，再多的肯定和感念他也無法感受到，不是嗎？

從另一個角度思考，「務實的生命態度」或許才是你我應當重視的事，從生死問題再進生活問題中，或者更能引起我們的思考共鳴。

家具商人正對莫斯特高喊：「莫斯特先生，快買下這個櫃子吧！五折給你，相信我，再也沒有比這個價錢還要便宜的了！」

莫斯特先生笑著說：「我要這個櫃子做什麼？」

商人說：「您可以在裡面掛衣服啊！」

只見莫斯特回答道：「親愛的，您該不會要我光著身子到處跑吧？」

莫斯特幽默地堵住了天花亂墜的商人之口，也輕鬆地引導著我們進入「務實態度」的生活道理中。我們不妨想一想，在你我手邊有多少東西被稱爲「備而不用」，事實上卻是根本用不著的東西？

有些人會說，因爲心靈空虛所以需要物質來塡補，如此才能得到眞正的滿足或充實，只是，當我們看著屋裡越積越多的事物，不是反而更添困擾，困惑自己到底還要用多少東西才能將心塡滿？

懂得「珍惜」是最重要的生活態度，珍惜生之時，也珍惜已經擁有的，追憶已逝的東西只會讓自己徒添遺憾，甚至只是更多牢騷，一如莫斯特先生在拒絕折扣誘惑時，給我們的提醒：「人一輩子能擁有的不會太多，也不會太少，充分且靈活地運用生命與珍惜身邊的一切，自然就時時都感到滿足，也覺得生活充實愉悅。」

輯7.

用鼓勵代替冷言冷語

把心放寬一些，

學會用鼓勵的方式來振奮人心，

而不要用指責或苛責的話來刺激對方，

更能激發對方積極向上。

用幽默的方式，說出尷尬的事

越難過的時候越需要幽默，用心體會，也用心思考，從生活中悟出各式道理，我們才能從小聰明中看見大智慧。

「艾爾，你為什麼再也不和泰德下棋呢？」妻子不解地問。

「妳想一想，妳願意和一個一贏棋就趾高氣揚，但一輸棋就粗話連連的人玩棋嗎？」艾爾說。

「當然不願意了。」妻子明白地搖了搖頭說。

「是啊，泰德也不願意和這樣的人下棋。」艾爾說。

非常有趣的自我嘲諷，雖然聽得出艾爾的口氣有些不服，但這番話卻也顯現他的聰明。一個有自知之明的人總少不了聰明智慧，不會找藉口隱匿自己的過錯，也不會刻意遮蓋事實眞相，能夠用幽自己一默的態度坦白面對、勇敢承認，也因此能重拾人們的信任與喜愛。

不想帶著慚愧心虛過日子，就要學會幽默地正視自己的不足與犯錯，如此才能爲自己贏得生活快樂，人生也才能走得自在。

「你兒子出外發展多年，想必已經闖出一點名堂出來了吧！」友人問。

老保羅聳了聳肩，回答說：「他到底有沒有成就我是不知道啦，不過，我知道政府很看重他。」

「真的嗎？為什麼？」友人不懂地追問。

「因為，前天有位警察跟大家說，只要有人發現他或找到他，就可以獲得一萬塊獎金！」老保羅自嘲地說。

雖然老保羅切入的角度充滿嘲諷，用幽默的方式說出自己的無奈與感慨，卻也讓人看見了他對兒子的期望。再不成材也總是自己的孩子，做父親的總希望他能有些成就。爲了減少人們的責難，老保羅不直斥或遮掩兒子的錯，反而幽默嘲諷兒子的不爭氣，看似無可奈何，其實同時也讓別人知道，兒子的錯他不逃避，只希望兒子能省思己過，早日走向正確的道路。

越難過的時候越需要幽默，用心體會，也用心思考，從生活中悟出各式道理，我們才能從小聰明中看見大智慧。

兩則幽默自嘲的故事，引導我們深刻領悟，其實，人與人之間根本沒有面子問題，若想擁有圓融和諧的人際關係，便少不了坦白、勇於面對事實的智慧。簡單來說，能不逃避錯誤，能坦白己過，大部份的人都樂於再與你我握手言和，更樂於重新接納你和我！

冷靜，才能走出困境

無論環境如何，人生路是由自己的雙腳走出來，到底是走向陽光還是灰暗，全看你我怎麼選擇。

生活無法十全十美，即便堅信人性美善，也還是會遇上有心人計算，只是無論環境如何，也不管呈現於你我面前的現實人性如何，最重要的還是我們自己怎麼想、怎麼做。

只要我們不偏取怨憤角度，能小心糾正自己的觀念價值，我們自然能走出一個沒有埋怨，也安全無慮的人生。

邁克一家人今晚到戲院看電影，一進入戲院，便直接往樓上走去，因為樓上的票價比較便宜。

找好了位子坐定後，他們便等著電影播放，但一直到節目開始，小邁克始終不肯乖乖地坐在位子上，而且喜歡趴在欄杆上看。這時，邁克的父親對妻子說：「瑪格麗特，好好看著孩子啊！別讓他掉下去了，樓下的票可貴了，萬一不小心掉下去，那我還得補票耶。」

爲了省錢，所以才防止孩子趴在欄杆上，因爲害怕補票，所以才小心避免孩子跌入樓下，這樣的邏輯思考還眞不是普通人想得到的！

其實，這正是人們常犯的「價值偏差」。

在探討「價值偏差」之前，我們不妨再看看下面這個例子，或許從中能得更多的思考啓發。

約翰到昆蟲商店裡買東西，對著店員說：「先生，我要買二百五十隻臭蟲，二百三十隻蟑螂，還要十五隻老鼠……」

店員一聽，吃驚地問：「你要這麼多東西做什麼？」

約翰冷靜地回答：「喔，沒什麼，房東要我搬家時，再三命令我一定要把那房內的情況恢復到『原來的模樣』，我可沒有忘記，剛搬進那兒的時候，到處都是這些小傢伙呀！」

因爲每個人對事情切入的角度不同，所以不同的事情由不同的人處理，便會得出不同的結果。

故事中約翰的情況，很多人都會碰上，但在這個帶點怨憤的情緒中，我們不難嗅出他對房東的不滿，因爲不滿，所以他做了這個報復動作。

只是這個動作恐怕是不好的，畢竟其中隱約有著仇恨的心態，很多時候我們便是因爲從偏頗的角度切入，或是認知出問題，而不斷重蹈錯誤，也不斷讓自己陷入困境之中！

好像第一個故事中的邁克，以錢爲重卻不以孩子的安全爲念，帶給孩子們的價值觀又豈會是正確的？

又如第二個故事中的約翰，社會現實本屬正常，房東畢竟是在商言商的，與其情緒性報復，讓自己滿心怨恨，不如試著安撫自己，或者告訴自己走出這裡將會看見不一樣的新天地，這樣不是比較積極正面嗎？

兩則故事很簡單，卻足以讓人深入思考，畢竟現實中的人性泰半如此，許多人經常受困其中，該怎麼用健康的心態走出這樣的困境，有待我們冷靜反思。

聰明的人都知道，人生路是由自己的雙腳走出來，到底是走向陽光還是灰暗，全看你我怎麼選擇。

尊重別人等於尊重自己

尊重別人就是尊重自己，想減少人和人之間的摩擦，想得到別人的支持和肯定，再也沒有什麼比「謙恭有禮」四個字更重要的了。

戲院內，有個婦人轉過頭，對著後面幾個一直嘰嘰喳喳不停的女孩們說：「對不起，我想好好看戲，妳們應該不會反對吧？」

沒想到其中一個女孩說：「當然，不過妳好像看錯方向了！」

看似幽默趣味的話，事實上卻是極不禮貌的回應，欠缺應有的「尊重」。

一個不懂尊重別人的人，也難以得到別人尊重，很多時候，個人自由權利看似正當，事實上總是侵害別人權利，遇到這種讓自己「難過」的狀況，應該如何用幽默的

方法秀出自己的想法呢？看看下面這個故事呢！

都已經凌晨一點了，樓上住戶的舞會還不結束，吵雜的音樂聲和吶喊聲不斷透過天花板和窗口傳進鄰居們的耳裡。

不久，有個鄰居打給這戶人家：「是柏肯先生嗎？」

「是的，馬可士！請問有什麼事嗎？」柏肯先生說。

「是的，柏肯先生，我想向你借一下音響。」馬可士先生說。

「喔？你也想開舞會嗎？」柏肯先生大聲地說。

馬可士先生聽了，也大聲地回答：「不，我想睡覺了！」

換個角度想，如果今天是柏肯先生遭遇相同的情況，他是否承受得了？會不會出聲抗議？

現代社會過分強調個人自由，往往衍生了錯誤的生活態度，不懂尊重別人的人，最後也得不到尊重。這正是今天社會常見的人際問題，這一類人事事只想到自己，只想占人便宜，看似占盡上風，事實上卻是醜態百出，往後想再要別人信任或支持恐怕不易。

試想，如果在你我之中有人像女孩們一樣，對於人們的好心勸說總不屑一顧，或是和柏肯一樣老忽略了別人的感受，忘了應有尊重，那麼不妨試著把自己的角色替換一下，站在別人的立場想一想，試想如果換作是我們，結果會是如何？是否和馬可士或婦人一樣會感到不悅？

無論如何，別用冷言冷語回敬別人溝通的心意，因爲聰明的人絕不會放棄溝通的機會，也不會忘記尊重別人的重要。尊重別人就是尊重自己，想減少人和人之間的摩擦，想得到別人的支持和肯定，再也沒有什麼比「謙恭有禮」四個字更重要的了。

用鼓勵代替冷言冷語

把心放寬一些，學會用鼓勵的方式來振奮人心，而不要用指責或苛責的話來刺激對方，更能激發對方積極向上。

乞丐對著一名富翁說：「先生，您能不能給我一點錢，讓我買杯咖啡？」

富翁不屑地說：「你憑什麼要我請喝咖啡？你為什麼不靠自己的勞力養活自己？我認為，人類需要的是更多的聰明智慧，而不是更多的錢。」

乞丐點了點頭說：「是的，先生您說得很對，正如您所說的，請允許我幫您分擔那些您已經太多的東西！」

富翁看似有心規勸，實則話中隱含歧視態度，任誰聽了都覺得不舒服吧！反觀故事中的乞丐，看著他反脣相譏，嘲諷富翁空有財富卻智慧不足，想必讓不少人莞爾一笑吧！

常見的人際溝通當中，其實這類情況經常出現，有些人說話總愛兜兜轉轉，以爲能藉此掩飾心中的不滿與不悅，殊不知話中帶話，反而更容易造成人們誤解。又有一些人以爲暗中嘲諷，對方便不會察覺，但事實上反而更添對立！

與人相處，最重要的是心意眞誠，即使玩笑話也要多一點恭謙溫厚的態度，太過針鋒相對，一點也無益於彼此間關係的維護，一如下面這則故事。

男子對著朋友們說：「你們看，我的頭髮依然如此烏黑亮麗，但不知道為什麼，我的鬍鬚卻越來越白了？你們知道這是什麼原因嗎？」

其中一位朋友聽了，冷冷地回答說：「原因很簡單，那是因為你用嘴的時候，比用腦的時候多！」

試想，如果朋友像這樣冷言嘲諷對待，有多少人不會感到不悅，又有多少人眞的能一笑置之？心中不會出現疙瘩的總是少數，多數人還是會感到不悅且不滿，畢竟沒有人喜歡被人否定、嘲笑，人總是希望自己能被肯定或被尊重對待，不論身爲乞丐，還是和我們親近的友朋。

這樣的人際互動道理其實並不難懂，想少一點對立，話便得說誠懇謙遜些，不是眞話說不得，而是話中要少一點針對，少一點嘲笑諷刺，才能少一點人際衝突與溝通阻礙！

別忘了一念之心的重要，我們總在不經意間將待人處世的態度展現出來。別人是正面肯定，還是偏頗否定，我們都能輕易地感受到，若是後者，即使我們不計較、對抗，心中也不免存有芥蒂，彼此之間從此便多了一條裂縫，即使不明顯，始終是個隱憂，難以預料何時會爆開。

所以，把心放寬一些，學會用鼓勵的方式來振奮人心，不要用指責或苛責的話來刺激對方，更能激發對方積極向上。對話少一點冷嘲熱諷，自然讓人少了那些不必要的壞情緒，自然能擁有圓融和氣的人際關係。

想多得一點關照，要懂得彎腰之道

懂得低頭的智慧，也懂得謙卑以對，走在人生道路上總是利多於弊。想要人生暢通無礙，與人溝通沒有障礙，多一點謙虛和微笑準沒錯！

朋友很不以為然地質問他：「你為什麼在人們面前老是一副卑躬屈膝的模樣？真是太不像話了！」

男子笑著說：「我親愛的朋友，你怎麼會不明白呢？你若想擠牛奶，不是得在母牛面前彎下腰嗎？」

擠牛奶的道理人人都知，謙卑低頭當然較能取悅人心，也比較不容易引人防範。嘴巴甜一點，態度低調一點，對於麻煩的人事總是能多一層隔離作用，自然能少一些不必要的人事糾葛。

然而，在這個人事複雜的社會環境中，何時要低頭或抬頭，仍得運用智慧。即使有求於人，也不盡然只能以低頭之姿示人，有些時候抬頭昂立也能得到想要的好處或機會，一如下面這則例子。

流浪漢用力敲著一扇門，不一會兒門口出現一位婦人。婦人一看見乞丐，開口便罵：「你長得這麼強壯，為何不到礦場工作，好好地賺錢養活自己？為什麼偏偏要當個懶蟲，當個沒用的流浪漢？」

流浪漢點頭說：「是的，太太，您說得沒錯，像您如此美麗的女人實在不該在家裡工作，應該登台當個讓眾人瘋狂著迷的女演員呀！」

婦人一聽，臉上立刻變得紅潤有精神，揚了揚頭說：「嗯，我其實是替你感到可惜，你等一等，我去看看裡面還有沒有什麼好吃的東西。」

流浪漢微笑地點了點頭說：「謝謝！」

流浪漢不用可憐相博取同情，而是選擇取悅女人心達成目的，在這帶點滑頭的機智中，我們不難看見他從原本卑微哀求的姿態，轉眼間卻抬起了頭來，甚至是有些驕傲得意地享受婦人的施予。

若要說這個流浪漢太狡猾，未免太過苛刻，畢竟這是他的謀生技能，乞求與給予總是一個願打、一個願挨，乞丐與婦人各取所需，也各得所需，又何必正氣凜然地批評？

其實，人類生存遊戲很多樣，低頭抬頭常常得視情況而定，不過大體來說，如果我們懂得低頭的智慧，也懂得謙卑以對，走在人生道路上總是利多於弊。因爲，懂得身段柔軟之道的人，大都能多得一些人心，若是頭仰得過高，或站得太高，始終不利於人際互動，當然也很容易錯過與人溝通的機會。

世事沒有絕對的對與錯，想要人生暢通無礙，與人溝通沒有障礙，多一點謙虛和微笑準沒錯！

做人越虛偽，越得不到機會

再多的方法和巧思，都遠不如保持一顆真誠的心，畢竟太虛偽造作終究讓人看了厭膩，再巧詐也終會有被人識破的時候。

有個團員走到女導遊身邊，很誠懇地對她說：「非常感謝妳帶我走遍維也納的各個角落，這趟旅行真的讓我收穫良多，謝謝妳。為了表示我的感謝，請允許我送份禮物給妳，不知道妳最喜歡什麼？」

女導遊一聽，笑容滿面，心中開始想像並期待那份「禮物」，只見她吞吞吐吐地說：「這個嘛，怎麼好意思讓你破費呢？這個……其實我很喜歡打扮，嗯……如果你真的要送我東西，那你可以給我一些……嗯，像是耳朵啦、手指啦，或者是脖子上用得著的東西吧！」

「啊！這簡單，沒問題！」團員明白地點了點頭。

第二天，遊客送上包裝精美的小禮盒，女導遊開心地接過，回房拆封時，房裡傳來一個咒罵聲：「這什麼鬼玩意！」

因為裡頭裝的是——「一塊肥皂」！

這個結果眞的非常有意思，不妨想想，如果相同的情況換作是你，又會送導遊什麼禮物呢？

從女導遊的話中，我們不難聽出她的願望，然而那扭捏作態的表現卻讓人頗不以爲然，想要的說不出口，客氣推辭卻又留下後面語焉不詳的暗示，虛僞造作的行爲，實在讓人不敢苟同。

然而，類似的情況卻又屢見不鮮，這一類人不是言不由衷，便是充滿虛假，習於逢迎奉承，更慣於耍弄心機，雖然有人能一時風光，但更多人最終得到的卻是一場空，好像下面這則例子。

阿諾聽說部長的母親死了，連忙帶著花圈趕到墓地，出現時，只見他臉上滿悲傷痛苦的模樣，不知情的人還以為他們感情深厚。

這時，一位老朋友來到他身邊，說道：「你也收到消息啦，唉，沒想到部長這麼快就走了！」

「部長？不是部長的母親嗎？」阿諾吃驚地問。

「不是啊，是部長意外死去。」朋友說。

「這……真是！」阿諾一聽，便將花圈扔到地上，然後轉身準備離開。

「喂，你為什麼這樣？」朋友不解地問。

阿諾不耐煩地說：「拜託，部長都死了，我要做給誰看啊？」

看見阿諾憤憤地丟掉花圈，我們也看見了他的虛假，同時也可以預知，機會將一一從他身邊走過。

因爲，他忽略了身邊的其他人，挑明了「我就是做給部長看」的動作，當然也很直接地留給現場人士一個印象，一個人人討厭的「馬屁精」印象。

現實生活中，總是不乏喜歡奉承迎合的人，也不乏虛情假意的人，他們總是振振有詞地強調一切都是爲生存，然而，世界上有那麼多人能堅持做自己，不也一樣過得自在快樂，而且快活地生存著？

爲求生存，有的人拼命鑽研所謂的遊戲技巧，但是再多的方法和巧思，都遠不如保持一顆眞誠的心，畢竟太虛僞造作終究讓人看了厭膩，再巧詐也終會有被人識破的時候。

其實，這個道理並不難懂，想想我們自己，對於那些虛僞且狡詐的人是否喜歡，便可以知道。

做人越虛僞，越得不到機會，眞誠才是最適宜自己的生存之道！

是苦是樂，都是自己的選擇

不管是用右腳走，還是由左腳前進，相較於那些只剩下一隻腳卻還能奔馳人生的人，健全的你我都沒有資格說「走不下去」。

乞丐笑著對企業家說：「基本上，我的職業算個作家，因為我正準備寫一本《一百種發財妙方》。」

企業家聽了這話，頗不以為然地問：「既然知道那麼多發財的方法，那你為什麼還要出來要飯？」

乞丐冷靜地說：「這你就不知道了，這正是我所描寫的方法之一啊！」

看見乞丐如此冷靜地回應，還給企業家這麼一個看似合理實則強詞奪理的答案，想必讓不少人自嘆不如吧！

人生路該怎麼走，很多時候只能問我們自己，人可以成爲乞丐，也可以成爲企業家，一切都是自己的選擇。

不願盡心生活，不肯努力生活的人根本沒資格說環境好壞，畢竟人原本就應該付出心力共築美好世界的，如今他們選擇脫隊，那麼日子是苦是樂，便得由他們自己承擔面對。

無論如何，人們的同情心總會有用罄的時候，倘若不願幫助自己，一味地等待援助，自己始終不肯再站起來，最終也只能自負後果，一如下面這個例子。

有位商人每個月都會到伊斯坦堡走一趟，每次來到火車站時，都會在出口處遇見一位乞丐，並給他一些錢。

今天，商人在同一時間同一地點看見那個乞丐，唯一不同的是，那乞丐還未開始營業，只見他正一瘸一拐地朝著他的老位置走去。這時，商人臉上忽然出現困惑，還滿臉驚訝地看著那個乞丐。

「我的老朋友，這是怎麼一回事啊？你左腿怎麼是瘸的呢？我記得一個月前看見你時，瘸的是右腿啊，難道是我記錯了？」商人問。

乞丐見露餡了，連忙用沙啞的聲音回答說：「喔，我最敬愛的善人，我偉大的施主，事實上您並沒有記錯。其實，我正在思考一件事，因為我只有一雙鞋，我怕一直磨右腳的鞋子，它早晚會破，要是破了，我就沒鞋子可穿了！所以，我決定讓這兩隻鞋輪流一下。」

聽見乞丐這麼說，不知道你有什麼想法？

嚴格講起來，這個乞丐的兩腿早就瘸了，因爲不想付出勞力，所以僞裝傷殘向人乞討。這樣的「乞丐」到處都是，只要仔細觀察就不難發現，社會中那些不切實際的人不也如此？他們偏好站在高處，天天大做白日夢，大談著虛幻的心中理想，看似合理健全，實則缺斤短兩，破綻百出。

從乞討者的身上，我們看見了一個很簡單的道理，每個人都有選擇放棄的權力，但更有選取幸福生活、成功人生的能力。其實，不管是用右腳走，還是由左腳前進，相較於那些只剩下一隻腳卻還能奔馳人生的人，健全的你我都沒有資格說「走不下去」。

你可以學習這兩個乞丐的幽默，但不要學他們好吃懶做。別忘了，老天爺偏心地給了你我如此健全的身體，讓我們少走了許多辛苦的路，我們便不該輕易說放棄，更不該再否定自己的本領。

路絕對是人走出來的，只要我們積極振作，就算只有一隻手，一樣能用這隻手築出一片天。

態度積極就有好運氣

當一個人的生命態度偏斜消極，生活態度懶散而怠惰的時候，不只腳步跨不大、走不遠，更會因此讓自己經常陷在頹靡不振的困境中。

有一群猶太人正站在巷口為自己祈福，其中有人喃喃著要成為富翁，有人則祈禱能娶到富翁的女兒。至於女人們，則虔誠地祈求天神賜福，好讓她們能生下健康活潑的孩子。

人群中，有一個乞丐也喃喃地對天祈禱，這時有人好奇地問他：「喂，你為自己祈禱些什麼？」

「我希望，我能成為城裡唯一的乞丐！」乞丐認真地說。

向老天爺祈求，聰明的人懂得「要」的技巧，要得好，人生會因此得到更多，也走得比別人更加順利圓滿。反之，不懂得「怎麼要」的人，才一開口求神，便註定得不到老天爺的祝福，更看不見未來的成功人生！

這個道理其實不難理解，我們不妨先想一想，然後再看看下面這個例子，或許更容易了解「態度積極就有好運氣」的道理。

警察問小偷：「你為什麼挑這間小商店行搶？」

沒想到這小偷的答案竟是：「沒辦法，這裡只有這間店離我家最近。唉，你又不是不知道，近來社會混亂，我實在不敢走得太遠啊！」

姑且不論小偷行爲的對錯，我們該討論的是一個人的態度問題。

當小偷說他害怕社會混亂，害怕離家太遠的時候，我們也知道他無疑是因爲自己的生活態度，致使自己淪爲小偷。一如上面那個乞丐一般，當一個人的生命態度偏斜而消極，生活態度懶散而怠惰的時候，不只腳步跨不大、走不遠，更會因此讓自己經常陷在頹靡不振的困境中。

那麼，向天祈求的時候，我們應該求些什麼？

聰明的人都知道，與其求老天爺賜予好運氣，不如求建康身體來得實際。因爲，所有的成功者都知道，運氣只存在一瞬，轉眼便逝，但健康的體力可以長久支持下去，只要我們有決心和毅力走出「自我設限」，不論離家遠近，不管敵人、困境是否存在，都不會影響我們走向成功的機會，更不會阻礙了我們成就一番志業的企圖心。

更具體地說，想成功，就得先要求自己具備突破的決心和定力，再要求自己要有堅持走下去的毅力，至於其他那些天命之說或命盤運勢就丟一旁吧！

不管怎麼說，人生之路始終得靠自己走，別人想閒語八卦也是他們的事，只要我們清楚自己要的是什麼，也能下定決心走下去，便不難發現，身邊的阻礙和侷限不過是一張紙板，一推便倒！

不要讓真話變成傷心話

別忘了用幽默的方法秀出自己的想法，只要習慣了相互尊重，即便迷糊、酒醉，脱口而出的真心話也會是美麗的讚美。

「親愛的，你幫我想一想，我這次化妝舞會要怎麼打扮才不會被人發現，你覺得是戴面具好呢？還是戴面紗就好？」蘇菲問。

馬丁說：「親愛的，不用那麼麻煩啦！妳只要不戴假髮，不化妝，不畫眉……就沒人能認得出妳啦！」

談及夫妻相處之道，各方人士總有說不完的方法、技巧，只是，若要人們直接參與調解，大多數人常會面露難色，畢竟這世間最難解的便是夫妻問題。譬如，有些讓旁人感覺傷和氣的鬥嘴動作，事實上卻可能是他們培養感情的方式，而看似感情和睦的兩個人，也許關起門總是吵翻天。

看著老公冷言嘲諷，或許老婆大人早氣得面紅耳赤，但日常生活中，像這樣關起門的玩笑話其實很平常，與其四處投訴枕邊人嘴壞，不妨一笑置之；與其相信對方充滿惡意，徒讓自己煩悶不悅，不如學會輕鬆看待，或者更能讓兩個人多一些甜蜜逗笑的時光。

人與人之間的相處也是如此，不把人心偏執於惡的一面，不把身邊的另一半視爲眼中釘，如此，再難相處的人也能成爲良朋益友。人的心念很重要，只要不抱持否定態度，心裡自然會充滿美善。

反之，心裡潛藏著的若是否定態度，那麼我們便會時時在不經意間說出心中「眞話」，並帶出一句又一句「傷心話」，好像下面這個故事。

馬莎的老公是個大酒鬼，幾乎天天都是醉醺醺地回到家中，然後再一路跌跌撞撞地走進臥房中。

「這死鬼！」這天，馬莎又被老公吵醒了，氣得連聲咒罵。

轉念一想，她決定給老公一個教訓，那就是：「裝鬼嚇一嚇他！」

萬聖節這天，馬莎找來一件魔鬼穿的衣服，然後躲在老公必經的路途上，心想：「把你嚇破膽，看你以後還敢不敢喝酒。」

「喂！」當她老公出現時，她立即從樹後跳了出來，並舉起長叉指向他。

然而，她老公根本沒被嚇到，反而輕鬆地招呼著：「嗨，你是誰啊？」

馬莎壓低了聲音說：「我是魔鬼！」

沒想到聽到這一句話，馬莎老公竟開心地說：「喔，原來是魔鬼啊！來來來，快跟我一塊兒回家，你知不知道，我已經把你妹妹娶回家啦！」

要評論馬莎夫妻誰是誰非，恐怕難有客觀標準，畢竟從馬莎的角度來說，她有無法忍受的苦，但她的老公也有難解的慾望，卻不見兩個人好好溝通，夫妻關係最後當然變成「整人遊戲」。

把這兩對夫妻間的問題延伸思考，我們不難得出一個道理，夫妻相處是人際互動的一種，許多與人相處的基本道理也十分適用於夫妻之間，甚至更適用於這些親密愛人身上，像是包容寬恕、尊重謙讓、關懷溝通……等等。

別說自己做不到，也別以爲兩個人如此親密就可以省略！

想讓夫妻之間少一點爭執，或讓自己的人際關係更進一步，別忘了用幽默的方法秀出自己的想法，更別忘了培養一顆包容與關懷的心。只要習慣了相互尊重，即便迷糊、酒醉，脫口而出的眞心話也會是美麗的讚美。

主動出擊，機會才會屬於你

機會已在眼前，與其退縮等待，不如上前把握、確認，聰明的人總能在對的時間找到對的人，給自己一個幸福的愛。

這天，長相英俊的總經理問小慧晚上有沒有空，小慧心裡小鹿亂撞：「他該不會是對我有意思吧？」

小慧欣喜地想著，跟著連忙說：「我有……有……有空，有空！」

總經理聽了點點頭，隨即又說：「有空的話，晚上早點睡覺吧！免得每天上班時間打瞌睡。」

會錯意當然讓人尷尬，但至少一切猜想還隱藏心中沒有說出來，不至於表錯情。

只是，像這樣的白日夢還是少做一點，畢竟連續劇裡那種誇張、戲劇性的機會在現實生活中很少見，即便真的發生了，也是千萬分之一的機會。生活要踏實，追求愛情更要平實，如此，才能找到真正的幸福。

面對愛情，除了不要有不切實際的幻想之外，不讓錯誤的想像耽誤自己，最好的方式便是主動出擊，主動證實那份「情緣」到底是否屬於自己！

麗莎愉快地來參加朋友的舞會，唯一美中不足的是，她沒有舞伴相陪，一整個晚上只能乾坐在角落，讓她感到無趣且無聊極了。

這時，前方有位瀟灑的男士朝她走來，麗莎看見了，心跳開始加速，心想：「太好了，有人來邀舞了，我該怎麼表現才好呢？」

只見男子靠近後便問她：「小姐，請問妳要跳舞嗎？」

麗莎一聽，連忙站了起來，然後禮貌地說：「好，謝謝！」

當麗莎準備伸手時，沒想到男士卻接口說：「好極了，那我就可以坐妳的位子了，妳知道嗎？我站在那兒很久了，腳實在很痠啊！」

在這樣的場合，不管男人女人無不希望自己能成爲衆人矚目的焦點，也無不希望能被人欣賞邀舞，若是希望無法達成，就只能躲在角落自艾自憐。

其實，故事中麗莎雖然表錯情意，尷尬不已，但換個角度看，故事中的男人不也同樣是朵「壁花」？男子坦白「站立許久」的話，以及玩笑式地坦誠腳痠，不正說明了他正在尋找目標？

這時，聰明的麗莎該做的，不該是氣惱男子不解風情，應該試著主動出擊，主動地捉住機會才是。畢竟機會已在眼前，與其退縮等待，不如上前把握、確認，譬如找出男子腳痠的原因，或許他是因爲不知道該如何邀請女生，才想出了這麼一個藉口搭訕啊！

愛情沒有什麼遊戲規則，想愛就愛，愛得太辛苦太累了，就學會放下，不想愛就學會放手。只要兩個人好好溝通，不相互爲難，聰明的人總能在對的時間找到對的人，給自己一個幸福的愛。

輯 8.

不要把機智用在掩飾錯誤

要找一個好的藉口理由來掩飾錯誤不難，
但問題始終存在，終有一天總會揭開，
我們也無可避免要面對。

一句忠言勝過十句讚美

學著把人們的批評視為好心建議，然後聰明地將人們的意見聽進去，如此才能順順利利地成就美好的未來。

司機先生不滿地說：「豈有此理，你怎麼嫌我開車技術差，拜託，我開車已經有十五年的經驗了，怎麼可能很差！被我載過的人沒一個不滿意啊，我從來都沒聽誰說過不滿意的！」

客人問：「是嗎？對不起，請問，您以前在哪裡服務？」

司機先生滿臉驕傲地說：「我以前是開靈車的。」

聽完司機之前的工作經驗，想必聰明的人已發現他的問題所在。

他的問題其實很簡單，過去他聽不見批評的聲音，即使犯了錯，即使開車技術眞有問題，也不會有人提供意見，因爲坐在他車上的人都是些再也發不出聲音的人，於是，他一直認爲自己是對的，一直認爲自己是優秀的。

正因爲從未被人糾正錯誤，所以司機一直不知道自己的問題，即使有錯，也認爲是別人的錯，即使技術眞的不佳，也認爲是活人有心針對計較。

沒有人喜歡被批評，更沒有人喜歡被糾正，但是忠言逆耳，一味地讚美對我們無益，與其反駁，不如認眞反省自己是否眞的不足，或許更有益於自己未來的發展。反之，若是一味地選擇逃避或拒絕批評，只會落入錯誤的循環中，一如下面這個狀況。

火車一再誤點，導致火車站內擠滿了許多無法如期搭上車的乘客，部份月台上的乘客因為無法再退回車站內，因而與站務人員爆發了口角。這時，有一名乘客大聲地質問站務人員：「我真搞不懂你們為什麼要印火車時刻表？」

沒想到站務人員這麼回答：「其實我也不知道，不過如果沒印火車時刻表，你就沒辦法準確說出火車誤點的時間，不是嗎？」

「……」旅客瞪著站務人員，卻一句話也說不出來。

每個人都有情緒，可是面對人們錯誤指正時，聰明的站務員應該做的不是安撫或像故事中一樣自以爲幽默地辯駁，而是坦誠失誤並且誠心道歉，如此才能獲得人們的諒解。因爲，不管原因、理由多麼正當，推卸責任總是讓人不悅，能夠面對錯誤才能贏得旅客的信心和信任。

學著把人們的批評視爲好心建議，然後聰明地將人們的意見聽進去，如此才能順順利利成就美好的未來。

別忘了，沒有人是十全十美的，眞正的完人總要等到人生結束時，才從別人口中聽見他們如何無止盡地學習，如何積極地改進自己，終至完成一個讓人欣羨敬佩且無悔無憾的人生。

不要把機智用在掩飾錯誤

要找一個好的藉口理由來掩飾錯誤不難，但問題始終存在，終有一天總會揭開，我們也無可避免要面對。

倫敦皮爾德利街上有個馬戲團正在演出一個節目，告示牌上寫著：「男子將在這個玻璃箱內絕食三十天。」

這時，有位媒體記者隔著玻璃箱採訪那名絕食的男子：「請問，您為什麼要表演這樣的節目？」

男子回答：「只是為了混口飯吃！」

故事很簡單，卻也深刻地點出人們求生存時常見的矛盾作爲，用「餓」肚子的方式來「填飽」肚皮，正點出了人們常見的思考偏差。

不少人都是這樣，常常說有好方法達成人生目標，但常見的卻是他們硬拗硬掰出一條看似光明的大道，實際上腳步卻是越走越偏，終至步入無法矯正的結局，一如下面這則故事。

森林管理員在林中抓到了一個偷獵者，管理員對著他怒斥：「你在這裡幹什麼？你不知道這裡嚴禁打獵嗎？」

偷獵者支支吾吾辯解說：「我……我知道啊，其實是這樣的，我最近遭遇到非常悲慘的事，原本打算在這裡自殺，唉，哪裡知道，正準備開槍自殺的時候，因為手抖得太厲害了，那子彈就這麼打偏，不小心打中了那隻野鴨啊！」

聽見偷獵者的回應，想必不少人會稱讚他反應靈活、聰明機智！只是，這樣的機巧用於掩飾錯誤，總是讓人忍不住要提出否定與反省，畢竟類似的情況已經太多，若是一再誤解誤用，只是徒添社會的負擔。

那麼聰明的你，從中是否得到任何省思啓發？

不管是爲了混口飯吃，還是眞有什麼生活上的困難，我們都不能合理化任何錯誤的行爲，畢竟投機就像毒品一樣，是會讓人上癮的，一旦誤食誤闖，要再回頭，可是比通向成功之路還難上好幾千倍！

我們都知道，面對自己的人生，要找一個好的藉口理由來掩飾錯誤不難，然而，許多人都忘了，錯誤遮蓋得了一時，但問題始終存在，終有一天總會揭開，我們也無可避免要面對。所以，與其把機智用在掩飾錯誤，苦思遮掩的方法，不如正面迎向問題的核心，如此我們才能選對人生的道路。

還不明白嗎？

想一想，最近你是否常想一步登天的事，又是否常欣羨那些僥倖成功的人？如果是的話，那麼快停止這些想像和羨慕，告訴自己：「那是他們的事，我有我自己的路要走，我知道，只要腳踏實地，對生活誠懇無欺，自然能正大光明且光榮驕傲地享受人生的成果。」

懂得輕鬆溝通，就能進行良性互動

如果開會流於長官教訓或下屬報告，只會變得越來越公式化，互動自然難見熱烈。希望上下互動熱烈，懂得溝通，就能進行良性互動。

「你知道嗎？在南非某個部落有個很不錯的演講規矩，他們演講時必須單腳站立！」台下一個男子對著身邊的人說。

「為什麼？」朋友不解地問。

男子小聲地說：「因為，那個部落認為，冗長的說話對演講者本身和聽眾來說是有害的，所以演講人一站上講台便得單腳站立，只要另一隻腳一碰觸到地面，便得終止發言。」

男子的朋友冷笑一聲說：「如果我們敬愛的演講者老是把時間拖得那麼晚的話，

這個規則倒不失是個好法子。」

聽演講聽到想打瞌睡的經驗，想必不少人都經歷過，再聽見這個規矩，想必讓不少人忍不住肯定點頭吧！

其實，防治冗長談話的方法，畢竟只能治標不能治本，關鍵在於演講者知不知道聽衆的痛苦。就演說者來說，不必怕話太多，該擔心的應是題材是否準備得夠豐富，是否懂得如何表現，才不致於讓演說變得空洞貧乏，讓人覺得無趣、浪費生命才是。

換個角度說，演講者應該增強演講內容，精進演說技巧，與其怪責聽衆不夠專心，不妨想想，爲什麼自己不能精采表現，讓人未察覺時間的流逝，或是讓人捨不得說結束呢？

還有一種情況與演講相似，那便是「開會」，當員工態度鬆散、活力缺乏時，公司便要開始思考，要怎麼推動會議才不致淪於「大拜拜」，而能眞正達到充分溝通與互動，這才是提升「執行效率」與「公司活力」的要點。

董事長問新上任的總經理：「每當各部門經理開會時，他們總是懶懶散散的態度，漫不經心且心不在焉的，不知道你是否已經想好辦法整頓他們？」

總經理胸有成竹地說：「這還不容易？撤掉記錄員，然後立出新的規矩，每次開會結束之後，我們才宣布要由哪位經理負責記錄。」

董事長一聽，頻頻點頭！

在這個事事講求效率的時代，公司領導階層總是要求員工們要有卓越的工作效率，要有超凡的能力，人力最好具多功能用途，但有些時候，領導者卻忽略了自己的責任。

或者我們應該想想，爲什麼員工向心力不足，又爲什麼總是提不起勁，畢竟人是互動的，從互動過程中總能找出原因和理由。暫時丟開上下關係的隔閡，暫時擱下工作進度的期待，無論任何情況，我們都不能忽略了人的重要性。人是團隊中最重要的資源財富，如果連他們的心情、想法都不能掌握，又如何能產生團隊向心力？

看到員工顯得懶散、動力不足，領導者不妨先想想，是什麼原因讓他們少了動力，是不是溝通出了問題，或是其他不良因素讓他們失去了信心，甚至失去了前進的動力！

如果開會流於長官教訓或下屬報告，只會變得越來越公式化而已，互動自然難見熱烈。希望上下互動熱烈，希望能看見員工活力旺盛，那麼就放手讓他們表現自己，無論他們意見多不成熟，多不合乎市場效益，最重要的是，讓他們相信自己，激發他們工作的熱情活力。

如此一來，效率自然能展現，向心力自然能看見。

懂得輕鬆溝通，就能進行良性互動。

把話說得巧，效果會更好

想整治惡人，不必怒目相向，也無須正面對抗衝突，高明巧妙的譏諷或行動，不只大快人心，而且效果更好。

神父對著台下的信徒說了這麼一個故事：

很久以前，有一個可惡至極的大壞蛋，在他去世的時候，家人原本要將他土葬，但棺木才放入墓穴中不久，沒想到竟被大地吐了出來。

後來，家人決定改以火葬，但沒想到連火也拒絕合作，堅持不想沾附惡人的身體，火怎麼也點不起來。

家人想盡辦法始終無法讓屍體安葬，最後只好將屍體丟棄在狗群面前，好讓狗兒能將這個「棄物」解決乾淨。

悲哀的是，連那群狗兒也不願意碰觸他的屍身！

說完故事，神父最後做出結論：「你們要小心哪！千萬不要落到像他那樣的下場。面對神，一定要忠實虔誠，如此一來，當你們蒙主寵召的時候，才能好好地躺在泥土裡面，祝融才肯幫助你們火化升天，狗兒也才會願意吞了你們的屍體，幫助你們重生！」

寓言雖然簡短，卻極其清楚地傳達了故事人物的「惡」，因爲天地不容，所以惡人連死也找不到安葬地，即使家人有心幫忙讓惡人早早入土爲安，但就連火和狗也不屑一顧。

聰明的人應該發現了，這添加的魔幻情節中其實偷偷藏了一個眞相。

那便是，萬惡不赦的人難得人們的原諒，至於家人們，因爲始終多了層血緣關係，不得不幫忙。

不過，若從另外一個角度而言，神父說的話未免太玄了，試圖用寓言闡釋道理，不見得有什麼效用，不如下面這位半仙說得巧妙。

古代有個性情暴戾的國王，有一天找來一位算命仙幫他卜算未來。

只見國王著急地問他：「我會在哪一天死去啊？」

「在一個節日裡！」這半仙毫不猶豫地回答。

國王一聽，吃驚地問：「你為何如此肯定？」

半仙微笑說：「當然肯定了！因為不論您在哪一天死去，對人們來說，那天都是一個『好節日』啊！」

半仙巧妙的話中藏話，在這似褒實貶的答案中，不只讓人讀到了智者的聰明巧辯，也讓我們明白了，想整治惡人，不必怒目相向，也無須正面對抗衝突，高明巧妙的譏諷或行動，不只大快人心，而且效果更好。

換個角度想，心念不正的人身邊處處都是敵人，無關天地容不與容的問題，更不關命理因果，而是這一類人幾乎沒有朋友，唯獨仇家敵人遍地皆是。他們從不思考是否得與人和善，只想與人爭鬥，每個念頭轉動，都只想著怎麼害人，怎麼與人計較，試想，這樣又如何能得人和與善緣呢？

想預知死亡之日，不如好好走穩生時之日吧！流傳多年的警世故事眞正的目的，不只是爲了嚇阻或阻絕意圖爲非作歹的念頭，而是要帶動你我深省，省思人生應該怎麼衡度，心念又要怎麼培養。

不管是否眞有天命神祇，回歸現實生活，我們都要好好呵護原有的單純善心，無論未來面對什麼問題，心靈受到多大的衝擊，都不能偏離這打從出生就擁有的「純眞心」。

太強勢，男人只會敬而遠之

女人應該多加學習充實自己，表現出真正的聰明與理性智慧，如此一來，才能讓男人心悅誠服地低頭認錯，也打心底依賴疼愛。

法庭上，被告忽然從坐位席上站了起來，喊道：「法官大人，為什麼審理我這案子的陪審員全是女的？」

「噓，沉住氣！」律師低聲要他冷靜。

「對不起，我無法冷靜，我也不想沉默，因為……因為……」

被告緩和一下情緒，最終嘆了口氣說：「唉，法官大人啊，雖然我常說對女人瞭若指掌，可是卻偏偏仍逃不出女人的眼睛。現在，這兒還一口氣來了十二個女人，天哪！那我還躲得了嗎？罷了，我認罪了！」

笑話中的男人因爲逃不出女人的眼光，所以招認自己的罪過，但仔細再想想，如果男人問心無愧，又哪裡會有這些害怕擔心？當然，倘若不就事件討論，單從男人女人的角色與觀點來看，的確，很多時候女人的敏銳著實讓人害怕，又有很多時候，女人們討論事情時過度感情用事，也讓人擔心害怕！

有些女人不是少根筋，而是懶得動腦筋，平時不願多用一點心去深思考慮，以致男人無法將她們擺進心中，有時更讓男人加速擺脫遠離，是不是呢？

先生剛剛下班，一踏進家門，老婆便迎上去溫柔地對他說：「晚餐我已經準備好囉！保證和昨天的一樣又香又好吃。」

先生聽了開心地說：「妳真是我的好太太。不知道我們今天吃什麼？」

老婆大人得意地說：「昨天的剩菜剩飯啊，你昨天不是一直說讚！」

「我……」先生聽了，也只能以苦笑應對。

老公無奈不再多說，似乎淡看老婆的無厘頭舉動，但卻難保證男主角內心世界沒有半點埋怨或嘀咕啊！

其實，想成爲好老婆、好情人一點也不難，就算是剩菜剩飯，也不必那樣坦白明說，只要花一點點心思，將昨天剩下的飯菜加點變化，不也就能再擺一桌美味的晚餐，還能在老公心裡再添「賢慧嬌妻」形象。

女人要懂得怎麼讓人疼愛、讓人不捨，而不是要讓男人面對妳便覺害怕、恐懼，或是不知如何是好。凡事過與不及都不好，太嬌貴，男人很容易感到厭膩；太強勢，男人肯定敬而遠之！

從正反兩面的笑話例子中省思，男人對女人的恐懼似乎提醒女人多加學習充實自己，表現出眞正的聰明與理性智慧，如此一來，才能讓男人面對女人時，不再是莫可奈何地害怕，而是心悅誠服地低頭認錯，也打心底依賴疼愛。

勇於負起責任，人生才走得平順

面對自己的問題，不要一味地逃避，不要只知道把問題歸給別人，必須先試著自己想辦法解決，負起應負的責任。

「為什麼你把先前的罪行又全推翻了呢？你不是已經全部招認了嗎？」法官生氣地問被告。

被告說：「是的，不過，我的辯護律師後來說服了我，他說，我無罪！」

類似的情況在現實社會中十分常見，不只在法庭上才會出現，日常生活和工作場合中，有的人爲了逃避責任，錯的也要說成對的，該負起的責任，也總在第一時間便推得一乾二淨，即使別人同聲指出他的問題與職責，也依然一副事不關己的模樣。

既然知道自己也有責任，就不要推卸，即使發生的情事不全然因爲你，但何不試著發揮幽默感，勇敢承擔？

對於懂得面對錯誤，也懂得承擔負責的人，人們從不吝於選擇原諒，甚至會因爲留下勇於負責的印象，更加相信、支持。

上述是逃避的情況，下面再舉一個常見的「依賴」狀況，這種不負責任的心態，一點也不亞於有心逃避。

「拉比，快來幫忙啊！我的雞窩鬧瘟疫啦！」有個村民向拉比求助。

拉比聽了，沉思一會兒，隨後便提出了一個辦法，那村民聽了法子後，便毫不猶豫趕回家解決問題。

過了一星期之後，村民又來找他了，還大聲嚷道：「拉比啊！你的方法沒用啊！疫情一點也控制不了，情況越來越嚴重啦！」

拉比再低頭沉思，然後又教了他一個辦法。

那人再次接受拉比的建議，趕回家解決問題。

但是，過了幾天之後，村民又出現了，這一次他滿臉怒氣地說：「拉比，你的辦法根本不靈啊！還有沒有其他的法子呢？」

拉比點了點頭，回答說：「辦法倒還有，可是，你還有雞嗎？」

連第二個方法都不適用了，村民卻不思尋找其他法子，還是回頭找拉比求救，最後即使雞統統死光了，恐怕也只能由該村民一個人承擔了。其中問題的關鍵，正是因爲村民「過度依賴」所致。

回到現實生活中，我們不也經常如此？

發生事情時，許多人在第一時間都不自行冷靜想想解決的辦法，而是慌張驚亂地出外求援。若是事情無法解決，最終反省時卻從不怪自己，反而是把責任全推給好心幫忙的旁人。

仔細想想，你是否也曾如此？

面對自己的問題，不要一味地逃避，不要只知道把問題歸給別人，必須先試著自己想辦法解決，負起應負的責任。

西班牙作家伊巴涅斯曾經寫道：「寧可讓鯊魚吃掉，至少還落個勇敢的稱號，比起像糞土般讓蛆蟲吃掉要有價值得多。」

如果連自己的問題都無法面對解決，就算好不容易等到一個絕佳的機會，恐怕連上帝也無力實現這個願望，原因無他，因為即使給了再多的機會，這一類人也不懂得伸手把握。

認真省思，不要老做表面功夫

遇到問題，不要只知道擦拭腳下的足印，要往遠方看去，既然錯印的足跡太多，那就下定決心一一清除乾淨吧！

有個小鎮某一年冬天發生森林大火，鎮民全力動員所有消防人力，卻始終無法控制火勢，原因是消防栓裡的水全都凍結了。

事後，議會開會討論如何防止發生相同的不幸事件時，忽然有位議員一躍而起，大聲地說：「本席提議，以後每當火災要發生的前三天，請負責人員先行將消防栓徹底地檢查一遍。」

這議員說完話，立刻有人附議，最後結果是：「全數通過。」

聽見「三天前」要做好防備動作時，想必讓聰明的你忍不住搖頭，甚至想笑卻又笑不出來吧！

看似問題解決了，事實上卻說了等於白說。然而，許多人不也經常如此，短視近利，思考淺薄，只看得見腳下的小石子，卻看不見遠方的坑洞？這樣的人只肯輕鬆踢開腳邊的石子，要他們再往遠一點的地方觀看，試著把未來的問題納入考量，他們總是說：「太遠了，我看不到！」

是真的看不到，還是只想等到事情再次發生時才臨時抱佛腳呢？

問一問自己，這趟人生路已經累積了多少「懊悔」，有多少次懊悔當初不能多想一層，或懊悔面對問題、解決問題時不能再用心一些？

這則故事諷刺意味極濃，關於人們短淺的思考能力，與欠缺責任感的態度，清楚地展現在我們眼前，下面這則故事也是如此。

今天，董事們一整個下午圍繞在「所有員工在工作崗位不得飲酒」這個議案上，非常熱烈地討論著，不時還有激辯爭論。

最後，他們終於通過了「禁酒令」！

這時，董事長舉杯說：「各位，讓我們一同為這個英明決定乾杯吧！」

「乾杯！」只見大伙開開心心地舉杯道賀通過這「禁令」。

收尾的「乾杯」聲讓人忍不住苦笑，在這個慣於做表面功夫的社會現象中，我們不只看見了人們一錯再錯的原因，也看見了自省自律能力的薄弱，正如第一則故事，大家都知道「預防災難」的重要，但是我們卻看不見人們認眞省思後的決心，反而是再一次證明「臨時抱佛腳」的習慣態度。

走出故事，我們不妨多看一看自己，想一想這一路走來，到底累積了多少「一錯再錯」的情事。

不想等到「三天前」才發現問題，不想錯誤一再重蹈，就給自己多一點改革的決心吧！遇到問題，不要只知道擦拭腳下的足印，要往遠方看去，既然錯印的足跡太多，那就下定決心一一清除乾淨吧！

想不開，人生就不會精采

別讓自己困在一些莫名其妙的困境中，生活總會有些難關要走，要是想不開，你的生命就不可能太精采。

巴克嘆了口氣說：「我真是不明白，有那麼多人命喪海底，為何還是有那麼多人要出海呢？」

比爾冷笑地說：「是啊，我也真是不明白，有那麼多人在床上死去，但你為何每晚仍然要上床呢？」

非常有意的反思反問，害怕海難，所以拒絕出海，害怕空難，所以拒絕搭機，像這樣因噎廢食的人其實不在少數。只要仔細觀察，我們不難發現，這一類人其實也有著一種共通情況，那便是定見不足，容易被別人影響。面對環境改變，面對人生變動，稍不順心，他們便退縮害怕，思考也越見偏頗！

仔細想想，給自己那麼多的設限，那麼多的阻隔，對自己又有何助益？只不過增添無謂的煩惱擔心罷了！

入世出世同樣都得為生命找生存空間，上山下海同樣都有機會遇到意外困難，唯有明白世事難料的道理，我們才懂得勇敢面對人生困境，也才能自在快意地享受人生啊！

生命最高尚的呈現，不在那些浮誇的道德口號，或是否能冷眼傲看世俗，而是懂得尊重所有生命呈現的方式。真正的智者不會告訴我們怎麼做是不對的，而是會告訴我們，要珍惜每一種。

如果還是想不開，那麼何妨跟著印度隱士一同動動腦。

在印度，有看破紅塵的男子決定遠離人間，便來到森林裡隱居，唯一與世俗接觸的，應該就屬他身上圍著的一塊布。

在森林裡住了一段時間後，他發現森林裡的老鼠很多，麻煩的是，那些老鼠經常趁他睡著時，將他身上的布條咬破，弄到最後，他實在受不了了，只得下山向人們要了幾隻小貓來養。

只是有了貓，就得照顧貓的食物來源，這幾隻小貓很愛喝牛奶，因此他又不得不飼養一頭母牛來餵飽小貓們。

有了牛，總得有人看管，於是他請了一個牧童來幫忙看牛，這會兒新的問題又來了：「總要提供牧童一個居住的地方吧！」

是的，這位面面俱到的隱士請人蓋了一間小房子給牧童居住，於是俗事一件拖一件，隱士看見小屋完成時，忽地感嘆地說：「唉，原來是想遠離人世，沒想到俗事卻反而越來越多！」

想遠離世俗，卻未料招來更多俗世煩惱，其中不正暗喻著人們常見的迷思，明明離不了人間俗世，明明躲不開自身缺陷，卻偏偏要裝品格清高，偏偏故作聰明，用以隱匿心中的寂寞與自卑？

其實，入世出世都能自在生活，眞正的隱士不會離群索居，因爲他們知道，與其把自己封鎖於山林囚牢，不如以瀟灑自在的身影穿梭人間，反而更易獲得自由心靈與觀世智慧。

人始終切不斷與人群的關係，也大可不必斷絕切割，既然世事難料，那麼與其逃避閃躲，何不學著迎接面對？

覺得日子難過，就要求自己多一點輕鬆幽默，別讓自己困在一些莫名其妙的困境中，生活總會有些難關要走，無論天有多高，水有多深，人總免不了要飛上天際，總要潛入深海！

不如就多元地去嘗試吧，要是想不開，你的生命就不可能太精采。

輯9.

不管有沒有機會，都要幽默以對

別埋怨機會的優劣，只要盡全力表現，
勤於變通思考，那麼看似平凡的機會，
便有可能成為你跨入不凡機運的媒介。

搞不清楚，就會越錯越離譜

搞不清楚就會越錯越離譜，錯誤的道路多踏一步，只會讓出糗、難堪的時候越來越多，能夠幽默回應的人畢竟不多！

幽默是話不投機的救生圈。當你忍不住想要說出自己的想法，不妨利用幽默的方式表達，不只效果會加倍，也可以瞬間緩和原本僵持對立的氛圍。

農業專家對老農夫說：「這種耕種方法已經落伍了，就拿這棵蘋果樹來說，如果再以落伍的方法栽種，蘋果的產量肯定無法達到一千公斤。」

老農夫點了點頭，幽默地說：「年輕人，你說的沒錯，其實我的看法和你一樣，這棵梨樹的確無法生產一千公斤的蘋果。」

只懂紙上談兵的專家碰到了正牌的農業專家，不管理論多麼充足，也不管學業證書有幾張，都比不上一輩子與果樹生活的老農夫！

從小小的故事中，我們看到了老農夫的處世智慧，也隱約看見了人們的迷思。學問高不代表經驗足，學歷高不代表專業夠，能力高不代表態度好，很多時候所謂的學歷、學識或本事，反而成了一個人的最大負擔和發展阻礙。

朋友過世讓小楊十分傷心，於是訂做了一個花圈以示悼念，並請店家寫下這幾個字：「安息吧，再見！」

之後，他又覺得才寫這麼幾個字太簡單了，連忙撥電話給店家，請對方幫忙修改幾個字：「麻煩您，請在前面再加上『天堂』，如果擠得下的話。」

第二天朋友出殯，小楊前來送別，這時才看見自己的花圈。看了之後小楊差點昏倒，因為上頭寫著：「安息吧！天堂再見，如果擠得下的話。」

在笑談這個烏龍錯誤的時候，不免引人深思，看似簡單的幾個字倒也十足呈現出人們的態度。

如果話聽得不明白，就應該要再問一次，而不是隨便處理。即便一字不漏地聽了進去，代筆者也應該用專業的角度將問題找出來，然後加以解決。

搞不清楚就會越錯越離譜，錯誤的道路多踏一步，只會讓出糗、難堪的時候越來越多，能夠像老農夫一樣幽默回應的人畢竟不多！

這兩則小故事都告訴我們，培養專業不能只流於口頭說說，頭抬得越高，越看不見現實與真實，也會距離土地越來越遙遠。

如果連梨樹和蘋果樹都分不清楚，請別急著開口說大話，還是先學會低頭走入農田中，學習分辨果樹，並了解樹蟲和土地吧。

不管有沒有機會，都要幽默以對

別埋怨機會的優劣，只要盡全力表現，勤於變通思考，那麼看似平凡的機會，便有可能成為你跨入不凡機運的媒介。

導演問臨時演員：「等一下有一場與女主角的吻戲，你要不要演？」

臨時演員一聽，開心地說：「演，當然演！」

導演說：「很好，劇情是這樣的！等一下你會騎著機車在街上閒晃，然後女主角會朝著你走來，接著她將拋一個飛吻給你，你則愉快地回她一個飛吻，最後，你將因為這個分心動作而撞上貨車，當場車毀人亡！」

希望落空的臨時演員，心中想必感慨萬千，好不容易等到與主角互動的機會，也好不容易等到上鏡頭的機會，沒想到竟是這樣的角色。上台匆匆，下台也匆匆，在這匆忙間，我們也看見了理想與現實的距離。

不過，雖然理想與現實有些距離，倒也不必就此放棄夢想，而是要懂得用務實的態度去追求理想。

男子問專家：「我經常閱讀《汽車之家》，原本是想從中學點開車的技術，但不知道為什麼，每年都還是會發生車禍意外。您能不能幫我想個辦法？」

「這件事很容易啊！除了暫時不要開車外，就是等待《非汽車之家》這類新雜誌出版後，再決定要不要開車上路吧！」專家說。

你認爲這個男子的問題出在哪裡呢？

我們總是習慣從別人的經驗或意見裡找答案，殊不知，每個人的情況有異，而且實際上可能遭遇到的問題和困難不同，不能囫圇吞棗地套用同一個道理，要懂得靈活變通才是。

無論如何，都要保持開朗、正確的工作與生活態度，從積極行動中發現機會。千萬別埋怨機會的優劣，只要盡全力表現，勤於變通思考，那麼看似平凡的機會，便有可能成爲你跨入不凡機運的媒介。

不管是臨時演員，還是不懂開車要訣的男子，都讓我們明白，生活理想與現實是有些距離的，不能只會空談理論。倘若不能從實際行動中學習或修改步伐，就只能在原地踏步，夢想也將因此停滯不前。

笑看臨時演員得面對的殘酷現實，如果他下定決心要在演藝工作中闖蕩，必然會幽自己一默，好好把握這個表現機會。

不管是否能與女主角擁吻，也不管是不是有機會在大螢幕上露臉，只管做好自己的工作，只管把表演的本事展現出來，說不定就在這個飛吻或倒地動作後，便有機會躍上主角之位！

看淡名利，才不會變得癡愚

與其心心念念於財富權力的競賽，不如選擇當個聰明的平凡人。懂得拒絕不必要的權力才能嚐到快樂生活的美味，更彰顯平凡的無價。

化解矛盾的最有效方法就是幽默，面對惱人的事，與其憤怒地破口大罵，還不如想辦法用幽默的角度看待。只要適時運用幽默的方法，就能避免彼此爭論、對立，而且可以使對方瞬間恍然大悟，理解自己犯下的錯誤。

建築大師為一位財大氣粗的富商設計一座豪華墓園。

建成前，富商不斷詢問建築師：「這裡看起來好像還缺點什麼，不是嗎？難到你真的沒發現？」

「是，還缺了點東西！」建築大師終於也認同他的看法。

「是嘛，我就知道！那……那是什麼？」富商看似明白，事實上根本不清楚這裡到底缺了什麼東西。

設計大師笑著說：「現在，只缺你了！」

財富權力確實誘人也懾人，然而不是所有的人都會爲之著迷，畢竟財富常引來危險，權力則更常讓人迷失其中。

只是，無論怎麼提醒其中的險厄，還是有數不盡的人選擇踏入財富權力帶來的陷阱，選擇讓自己迷失在花花世界裡。

再看看以下這個例子，或許像這樣的人物也經常發生在你我身邊。

有個美國政治人物為了增加自己的曝光率，舉辦了許多造勢活動，其中一場是到精神病院拜訪病人。

參觀時，他忽然想起要與某人連絡，於是連忙從醫院撥了電話出去，但是不知道為什麼，始終無法與對方連上線。

這時，大人物忽然情緒爆發，當場大發官威，對著女接線員大吼：「小姐，你知道我是誰嗎？」

「不知道，不過我知道您是從哪裡打來的！」女接線員冷靜地回答。

不管政治人物的情緒如何暴怒，女接線員仍冷靜以對，還聰明地藉題發揮，暗諷政治人物的行爲可笑，與第一則設計師的嘲諷有著異曲同工之妙，這正是我們需要多加學習的應對智慧。

他們不把不滿的情緒發出，以機智回擊，不只更顯示出權貴者的愚昧，也讓人看見小人物的不平凡處！

聽著設計師的嘲諷，不覺莞爾，他率性點出富商的迷失，簡單的一句話也引人深思。現代人日夜競逐於金錢的遊戲中，忽略了健康，也忽略了生命的價值，總是到了臨終之時才發現自己尚有一堆心願未了，卻已經來不及了，徒留下無盡的悔恨和遺憾。

人們的執迷不悟，就像富商爲自己大興華麗陰宅的執迷一般，生與死孰重孰輕，只有聰明的人能做聰明的選擇。

同樣的，看著接線員聰明地藉由電話來源，輕鬆回擊政客的「愚騃」，讓人知道，淡看名利是件好事，至少不必受制於名聲權力的牽絆，可以快樂裝傻，也能快意地表現聰明巧智，不必強迫自己爲了名與利裝模作樣。

與其心心念念於財富權力的競賽，不如選擇當個聰明的平凡人。唯有懂得拒絕不必要的權力加持，懂得拒絕不必要的財富壓力，才能嚐到快樂生活的美味，更彰顯平凡中的無價。

此外，活在這個紛紛擾擾的時代，想要提昇自己的處世競爭力，說話辦事之時一定要講究輕鬆溝通的技巧，越是「難過」的時候，就越需要幽默的方法，表達自己的想法。

從對方的角度尋找出路

凡事動一動腦，便能很快找到出路，不要老用直線思考。想解決問題，要多用智慧想方法，還要多從別人的角度尋找出路。

想要表達自己的想法，最好使用幽默的方法。幽默是最強大的征服力量，既可以讓對方卸下原有的心防，也可以緩和潤原本僵持對立的氣氛。

有位校長為學生們最近的一個行為感到困擾，該校的女學生都很愛漂亮，很喜歡在洗手間補妝，特別是對著鏡子擦口紅！

如果只是簡單地照照臉倒還好，讓人搞不懂的是，她們一個個都很愛在擦完口紅後，再將唇印留在鏡子上。

校長和教務長討論這件事時說：「得想個法子解決！」

校長想了一天，終於想出了一個妙計。

第二天，校長叫所有女學生到洗手間集合，當場請清潔工人示範一次清潔工作，好讓女孩們明白這些口紅印有多難清理。

只見清潔工拿起一把短毛刷子，將刷子就近在馬桶裡沾了水後，便走到鏡子面前，開始用力地刷洗鏡子，刷了很久才將油油的唇印弄乾淨。

從那天起，再也沒有人把唇印留在鏡子上了。

多聰明的校長，遇到難題並沒有大聲斥責，只用一個小動作便把麻煩解決，從中也讓我們明白，一味說大道理或用強制的方法，常常難以服眾，不如想個簡單又有趣的方法來處理問題。

凡事動一動腦，便能很快找到出路，不要老用直線思考。約束、強制只會讓人不悅，有些時候還會產生反效果，與其強勢要求，何妨想個聰明的方法，不是更能讓事情輕鬆解決？

當別人有求於我們的時候，不要只想著與人爭論道理、是非，更不要惡言拒絕，冷靜幽默地想個好方法來面對，反而更能免除後患和不必要的麻煩。

有個男子在一家銀行的門口擺攤賣玉米，由於玉米非常新鮮好吃，不只累積了不少老顧客，更累積了一筆可觀的財富。

有個老朋友聽到這消息後，特地前來找他，一見面便對玉米伯說：「我想向你借一點錢做生意。」

玉米伯聽了，滿臉歉意地說：「對不起，這件事恐怕我不能答應。因為，當年我在這裡擺攤，便已經跟這間銀行訂下了合約，我們互相答應對方，絕不搞商業競爭。換句話說，這間銀行不能賣玉米，我也絕對不能有貸款業務的行為，你想想，我豈能不守信用呢？」

或許有人要問，銀行與玉米伯眞的簽約了嗎？

其實，有沒有簽約並不重要，但是，這個繞了一圈的解釋，倒也讓人清楚他的拒絕意思，也同時顧及了老朋友的情誼。

少了直接拒絕的難堪，又留了退路，讓對方知難而退，不只仍能維持了兩個人的情感，也能讓老朋友不再糾纏。這個情況與校長的用意相同，試想若是強勢拒絕或制止，必然會引發不滿的情緒，也不免引起反彈，若再處理不當，反而更添不必要的麻煩。

想解決問題，要多用智慧想方法，還要多從別人的角度尋找出路。一如這兩則小故事的主角一般，看似守護自己的立場，其實也都透露出對學生與朋友的尊重，校長不直指女孩們的錯，玉米伯不否定朋友的貪婪怠惰，卻都能告知問題的要點，也讓他們明白「自重人重」的道理，不是嗎？

別在錯誤中執迷不悟

人生只有一個，不該執迷於某些習慣或名氣之中，也許生活最終得重新開始，但至少我們沒有執著於一錯再錯的腳步中。

羅克無奈地對朋友說：「我真不知道這間醫院是怎麼一回事，我住進醫院後，一個醫生診斷說是闌尾炎，另一個卻說是膽結石。」

朋友關心地問：「結果問題是什麼？」

「唉，沒想到他們因此爭論不休，互不相讓，甚至還丟硬幣決定，但最後卻割了我的扁桃腺。」羅克哭喪著臉說。

若要論醫生的醫德，總是有論辯不完的話題，然而不能否認的是，對病人來說，醫生的專業才是他們最重視的問題，即使醫德出現瑕疵，只要能保住他們的性命，即使心中有諸多不滿，很多事也只能自認倒楣。

看到羅克這種遭遇，雖然讓人覺得好笑，然而換個角度想想，病人們其實不也是造成這個結果的推手，執意要名醫診治的情況下，不知有多少病人反而耽誤了病情？我們再舉另一個情況，從這件事來思考省思，或者能引人有不一樣的思考啓發。

醫生仔細檢查了一番後說：「老先生，您盲腸發炎了，要馬上住院治療。」

老先生說：「醫生，能不能請您再檢查一遍，我……」

醫生一聽，不悅地說：「我是醫生還是你是醫生？」

老先生說：「您是醫生！可是我一定得說明一件事，我的盲腸在上次感冒時就已經被您切掉了！」

新聞中常見的誤診，通常造成了病人們無法彌補的傷害。醫生自然有著應負的責任，但很多時候，人們面對名醫的迷信和畏懼，就與面對權威或專家的情況相似，心中明明出現懷疑，卻不敢把問題提出來討論，非得等到錯誤發生之後才發洩氣憤。只是，錯誤已經造成，再多的不滿和抗議，或是再多的哭泣和後悔，又有何用？

生命是自己的，人生也在我們掌握中，即使相信對方，也一樣不能忽略自己心中的眞正感受和想法。無論對方採納與否，也不管對方是否願意傾聽，至少要把心中的想法表達出來，才不致讓自己苦吞悶氣。

就像故事中的病人，不管醫生如何強勢，別忘了我們的主控權，盲腸在上次就被誤診錯割了，實在沒必要再給他一次機會！身體只有一個，我們的人生也只有一個，不該執迷於某些習慣或名氣之中。也許，生活最終得重新開始，一切得從頭做起，但至少我們沒有執著於一錯再錯的腳步中，因爲重新開始，代表著我們給自己再一次實踐成功的機會。

多給孩子正面積極的生活態度

刻意傷人或損人的動作要少一些，一切問題應該多以正面的態度去面對解決，如此，才能讓人際關係少一點尷尬阻礙。

阿民剛出現在阿星家門口時，阿星的狗狗還很溫馴地對他搖尾巴，不過，當他和阿星一家人用餐時，那隻狗卻不知道怎麼了，眼神忽地變得十分兇猛，一直盯著看他，到最後竟對著他吼叫了起來。

這讓阿民有些坐立不安，忍不住對著阿星說：「你們家的狗怎麼了，為什麼忽然變得那麼兇？」

當阿星要回答的時候，他的兒子搶著回答：「小莉不一點也不兇啦，牠平常很乖的，要不是你拿了牠的碗，牠也不會這樣。」

阿民一聽，瞪大了眼看著阿星，只見阿星尷尬地說道：「這……呵，我不知道，可能拿錯了吧！」

仔細想想，眞會是拿錯了嗎？

我們常常覺得大人不如孩子的原因，便在於在情感表達上，大人們始終不像孩子們那樣誠實，也不像他們那樣眞情流露！

雖然我們都知道，寵物和人共餐的情況很平常，然而藉口「拿錯了」，卻更讓人覺得虛偽，用幽默的態度認錯，或是坦誠家裡多餘的碗筷就此一副，也許還能獲得體諒。

溝通雖然要有技巧，表達意見雖然也要多轉彎，可有些情況轉過了頭，反而更增添彼此的疙瘩和誤解，一如下面的情況。

小喬治生日這天收到一個小鼓，那是他學音樂的叔叔送給他的生日禮物，讓小喬治非常開心。他和小鼓天天在一塊兒，形影不離。

有一天，喬治回到家時，老婆對他說：「親愛的，我們鄰居好像很不希望小喬治再玩小鼓了，雖然他表現得很含蓄。」

「是嗎？他是怎麼表示的？」喬治問。

喬治的老婆拿出了一把小刀，然後糾著眉說：「你看，他今天下午送給小喬治這把小刀，還對他說：『小喬治啊，你知道這小鼓的肚子裡藏了什麼東西嗎？想不想看看，是什麼讓它發出那樣美妙的聲音呢？』」

喬治的老婆客氣地說鄰居表現含蓄，事實上眞是如此？

以贈送「小刀」的情況來看，答案恐怕不是如此。鄰居未能正大光明地和喬治溝通，卻是利用心機，暗中搞小動作，將錯誤的念頭教給小喬治。如此的作爲不僅傷害極大，還會爲喬治增添教育上的麻煩！

不管是阿星還是喬治的鄰居，他們最大的問題便是將不良的情緒與解決問題的方法表現在孩子的面前，不只會讓孩子誤以爲「那是正確的」，還會讓他們衍生錯誤的生活觀念。

如果鼓聲太吵，何不直接和家長溝通，或許還能使他們教導孩子學會體諒與自制，不是嗎？

在孩子尚不能分辨行爲對錯時，偏激與圓謊一類的動作要儘量避免。不管如何，刻意傷人或損人的動作要少一些，否則一旦被發現，也許可以用謊言帶過，守住自己的人際關係，但在不經意間，孩子們恐怕早就從中吸收了錯誤的觀念，使得他們感到矛盾困惑，甚至價值觀出現誤差偏頗。

若是朋友會介意使用狗碗，那就自己手捧狗碗吧；如果實在受不了小鼓聲，那就積極溝通約束孩子玩樂的時間吧。

一切問題應該多以正面的態度去面對解決，如此，才能讓人際關係少一點尷尬阻礙，還能在教育孩子時，把正確、正向的生活觀念傳遞給他們。

要實現心願，就要少一點埋怨

不管「牛糞」也好，電腦選擇的也好，既然都已經選擇了，一味埋怨後悔，只是多添自己悲傷陰暗的生活苦味罷了。

莎莎忍不住對兒子說：「唉，想當初我嫁給你老爸時，大家都說就像是一朵鮮花插在牛糞上。」

兒子問：「那為什麼妳還要嫁爸爸？」

莎莎說：「唉！這年頭，牛糞也不是很好找啊！」

看著莎莎的埋怨，顯示出男女世界的趣味與矛盾。與其同情莎莎沒得選擇的可憐處境，不如和她一起學習追求幸福之道。畢竟想擁有幸福，除了要求對方努力，也得嚴格要求自己更努力。

名作家柏楊曾說：「天下最殘酷的事，莫過於一朵鮮花插在牛糞上。如果僅只旁觀者有此觀感，還沒有太大關係，一旦鮮花有此感覺，就變成了一顆定時炸彈，糟透了頂。」

眞正的幸福戀曲得由兩個人共譜，想有完美演出，更須兩個人都盡力配合對方練唱，如此才能在正式合唱時，默契十足地唱出幸福的天籟之音。

幸福是兩個人的事，少一方都不行，這和人生道理一樣，無論目標怎麼選擇，最終下決定的人始終是自己，即使是選到「牛糞」，也不能埋怨任何人，更不能將責任推卸給任何一方。

如果只會埋怨，只會怪責別人，那麼不僅遇見幸福不易，即使幸福在手，也無法緊握，就像下面這個女孩的情況。

萱萱才剛結婚六個月，便苦著臉去找離婚律師了。

律師問：「為什麼要離婚呢？」

她對著律師哽咽地說：「我和他是電腦擇友認識的，那台電腦真是混蛋，真搞不懂它到底看上他哪一點！」

雖然這裡我們無法完全了解萱萱的情況，但是從「電腦擇友」這幾個字上，倒也不難猜出一點端倪。

現代愛情多半是速食主義，相親結婚也算速食之一，因爲其中有許多人只是爲了一個「急」字，所以匆匆面談，也匆匆決定結婚，連相處了解的試用期也沒有。在這種情況下，結婚之後要面對的第一關，自然是彼此不同的個性與生活態度的磨合了。

其實，即便是自由戀愛的男女也不乏一時衝動的決定。我們都知道，愛得深不代表能包容一切，相信自己會理性處理問題的，最終常常失了理性；堅持未來必能克服一切阻礙的，最後總還是無法面對。原因無他，人們在癡迷愛戀的時候，總忘了「現實」兩個字。

聽著萱萱怪責電腦，不禁讓人深思著，不管生活的方向怎麼選擇，人生終究是自己的，不管「牛糞」也好，電腦選擇的也好，既然都已經選擇了，就別再怪月老開自己玩笑，也別再質疑媒人婆是否點錯了鴛鴦譜，一味埋怨後悔，只是多添自己悲傷陰暗的生活苦味罷了。

男女情愛其實和人際交誼一樣，多用一份心去看待，也多一點耐心去溝通，然後再張大雙眼看清自己眞正想要的愛，自然能得一個好的姻緣，更能減少哭泣說後悔的時候。

多與孩子溝通，尋求彼此認同

孩子們的生命態度與處世態度必須自小培養，既然想肯定孩子，就把孩子當大人看待，多花點耐心解釋、溝通。

小明的數學成績原本非常差，可是，自從父親把他轉到一所基督教學校就讀後，他的數學天分似乎被激發出來，成績突飛猛進。

小明的爸爸見狀雖然開心，但心中不免感到好奇，有天便找機會問小明：「你們老師是怎麼教的？」

小明說：「老師怎麼教啊？我也不大清楚，我最記得的是，第一天到學校的時候，我看見有個人被釘在數學的加號（＋）上，我猜想，要是數學不好的話可能會被釘在上面，所以……」

因爲害怕被處罰，所以小明逼自己要認眞學習，這樣的好成績可說是在適度的壓力下督促出來的。只是，像這樣的「壓力」和「處罰」，不免又要被倡導愛的教育的人士責難。

孩子的教育很難提出一個準確、完善的方式，有些人確實需要一點壓力才能激發潛能，有些人則需要嚴謹的賞罰加以督促或鼓勵，唯有拿捏「適度」，因才施教，才能得到最好的教育成果。

當然，所謂的「適度」，不是那麼容易拿捏，特別是當大人們把孩子視爲「只是個孩子」的時候，便很容易將態度傳錯，適度最後往往變成了過度，好像下面這個例子。

孩子苦著臉問父親：「爸爸，我是不是很笨？」

孩子的爸安撫他：「孩子，你一點都不笨啊！」

父親的安慰似乎無效，孩子仍然否定自己：「但是，為什麼每個人都說我很笨呢？為什麼？」

父親聽了，連忙說：「那是因為他們不了解你啊！」

「可是，我真的覺得我很笨啊！」孩子哽咽著說。

見孩子的腦筋始終轉不過來，父親有些不耐煩地說：「拜託，你一點都不笨好不好！笨蛋！」

對大人而言，這或許是一個很簡單的問句，可是對孩子來說，卻是個需要絞盡腦汁思考的問題。

面對一個又一個的「爲什麼」，一個又一個極待「解答」的問句，大人若是少了點耐心，很容易受到情緒影響，最終便以不耐煩的態度回應，孩子最後不只得不到答案，反而更加肯定自己是「笨蛋」，一如這個故事的情況。

孩子們的生命態度與處世態度必須自小培養，若是得不到良好或正確的學習態度，長大後那些根深柢固的觀念、心態便很難修改，即使有決心改變，也將花費比別人更多的時間。

所以，把孩子當大人看待，多與孩子溝通，尋求彼此的認同吧！想想我們爲了因應社會人事，可以那樣費心了解一個人，爲何卻不肯在孩子們的身上多用點心力和耐心呢？

既然想肯定孩子，就多花點耐心解釋、溝通，如果孩子犯錯，就給予適當的處罰，只要不是情緒化的宣洩，讓孩子明白處罰的原因，他們自然會從中學會教訓，並學會律己和自重的。

終日迷醉，只會錯過機會

不要再用酒精麻醉自己，人始終得清醒著面對生活。迷糊過日，只會讓人喪志墮落，即使好機會在眼前，也只能眼睜睜地讓它錯過。

有個男子喝得醉醺醺的，上樓時只見他一個不留神從樓梯上滾了下來，一路滾到大馬路上。左鄰右舍聽見叫聲，紛紛跑出來看是怎麼一回事，不久警察和救護車也趕到了。警察上前問男子：「發生了什麼事？」

這酒鬼迷迷糊糊地回答：「我哪裡會知道，我也是剛剛才到。」

看到這則故事，不免讓人想起新聞畫面上那些讓人啼笑皆非的酒鬼，醜態百出卻渾然未知的模樣，總是引人譏責聲連連，只是嘲笑歸嘲笑，不久之後這些酒鬼便又故態復萌。

酒精眞的害人不淺，再看看一個有趣的例子。

有個酒鬼喝得酩酊大醉，朋友們勸他別開車，但他執意要自己開車回家。正巧，回家途中遇上警方臨檢，當即被發現違規酒駕。然而，就在警察準備酒測時，前方發生車禍，這名員警被同事叫去支援，於是對這酒鬼說：「你給我乖乖站在這裡！」

「哼，我為什麼要聽你的？」員警一離開，這名男子立即開車回家。

第二天中午有一名員警來找他，一見面，員警便氣呼呼地質問：「先生，你昨天晚上酒醉駕駛被我捉到，還不快把證件交出來。」

男子一聽，立即反駁：「你胡說八道，我昨天一整晚都在家裡，根本沒見過你，哪有酒駕這回事！」

警察聽了，冷冷地說：「是嗎?那麻煩你打開車庫，讓我看一看。」

結果，男子打開車庫一看，赫然發現一台警車停在裡面。

故事是有趣的，可是現實生活中這類的情形常常是悲慘的結果。飲酒作樂、紙醉金迷或許可以得到一時暢快、遺忘，但醒來之後呢？

不要再用酒精麻醉自己，人始終得清醒著面對生活。渾渾噩噩，迷糊過日，只會讓人喪志墮落，即使好機會在眼前，也只能眼睜睜地讓它錯過。

其實，在眾人面前出糗沒什麼，既然錯已鑄成，只要我們不再找理由，不再閃躲，勇於認錯，也勇於面對，等到我們能清醒面對自己的時候，便是重新開始，展開新生活的最好時機！

學會笑看曾經有過的荒唐，然後學習用智慧面對生活的陰暗，想要清醒或是繼續迷醉，聰明人必會給自己一個聰明的選擇。

輯10.

說話多點技巧，生活少些煩惱

與人交流要多用幽默技巧留下轉圜空間，

才能在這複雜的現實社會中，

瀟灑走過每一場紛爭，

也輕鬆躲過每一個危機。

說話多點技巧，生活少些煩惱

與人交流要多用幽默技巧留下轉圜空間，才能在這複雜的現實社會中，瀟灑走過每一場紛爭，也輕鬆躲過每一個危機。

高爾基曾說：「過分認真嚴肅地看待生活，生活就會枯燥乏味。」

的確，如果不懂得用幽默的方法表達自己的看法，用幽默的方法改變對方的想法，那麼生活就是由衝突、摩擦和痛苦串連而成，要是能夠用輕鬆幽默的心態面對，那麼人生就會精采豐富。

遇到棘手麻煩的人或事，你通常怎麼應付？是直接駁斥，把球用力反擊回去？還是停頓一下，然後再直擊對方要害？

有一天，賈西飼養的小毛驢被偷了，找了半天始終找不到。於是他在村裡到處放話：「快把毛驢還我！不然我就要像我父親那樣做了！」

小偷聽見後十分害怕，雖然他不知道賈西的父親到底會怎麼做，但這般恐嚇式的放話，卻讓他心驚膽跳，於是連忙向賈西認錯，並將小毛驢還給賈。

「請問，您父親大人會怎麼做？」事後，竊賊好奇地問賈西。

只見賈西笑笑地說：「很簡單啊！毛驢不見了，當然再買一頭毛驢囉！」

聽見賈西這樣的解答，是不是讓你忍不住哈哈大笑呢？那麼，你是否在笑聲中領悟了其中訣竅？

沒有一口氣將話說完，賈西硬是保留了最後一句話，先「威脅恐嚇」，因爲對方若只是泛泛小輩，這個恐嚇方法應該會達到一定的效果。

果不其然，這個偷兒眞是一個無膽小偷，不必賈西再用其他招數，便乖乖地把驢子歸還給了。

其實，人心是可測的，特別是對付那些投機取巧又滿腦子壞念頭的人，只要能試著推測出他們最害怕或是最想要的情況，自然能解除各式不必要的麻煩和危機，就像伊朗機智大師毛拉曾經遇到的情況。

有一天，伊朗王興沖沖地將自己剛完成的頌詩給毛拉看，毛拉看完後卻說：「這詩寫得不怎麼樣嘛！」

沒想到毛拉會這麼直接批評，伊朗王當場變臉，最後還惱羞成怒，下令將毛拉關進大牢，讓他餓一天一夜。

事過不久，國王又寫了一首頌詩，要毛拉發表評論，這回毛拉學乖了，一句話也沒說，只靜靜地站起來，轉身準備離開。

國王見狀，問道：「毛拉，你要到哪兒去？」

毛拉偏著頭，說：「去監獄。」

多妙的回答，伊朗王若是個聰明人，應該知道毛拉的評價吧！

帶點嘲諷的幽默回應，看似讓人尷尬，實則顧全了伊朗王的面子，更緩解兩個人再一次硬碰硬的衝突機會。

與人溝通時當然可以直言，可是坦白直言也要將話說得漂亮有技巧，否則只會爲自己帶來不必要的困擾。把話說得露骨或是直言不諱，看似忠心耿耿、無私無藏，很容易傷了人，又傷了自己！

與人交流要多用幽默技巧留下轉圜空間，話可以說得直接，但也要懂得多用技巧，我們才能在這人事複雜的現實社會中，瀟灑走過每一場紛爭，也輕鬆躲過每一個危機。

改一改自己待人接物的姿態

你會發現身邊的人總是想躲開你嗎？又感覺到人們似乎不太服你嗎？那麼就把自己的氣焰收一收，也改一改待人接物的態度吧！

一位野心勃勃的年輕指揮家正在台上指揮彩排，然而練習一段時間後，卻見指揮家的臉色變得越來越嚴肅、沉重。

因為，他很不滿意樂手們今天的狀況，只見現場的樂手們一個個都被他指著鼻子糾正，而且是從早上被批到了下午。

最後，有個小提琴手實在受不住了，突然站了起來，並大聲地對著指揮喊道：

「如果你再這麼囉唆，我們今天晚上就照你指揮的來演奏好了。」

小提琴手最後的反駁其實也點出了問題的癥結所在，原來問題是出在指揮家身上，只不過這名年輕人始終沒發覺自己的問題。

或者，我們可以這麼說，這名年輕的指揮家無論是在指揮能力還是溝通上都出現了問題。畢竟指揮是樂團的靈魂、樂團的核心，當樂手們無法與他指揮配合，甚至是不願服從時，應當要先反省自己，如此一來，才能找出問題的關鍵，也才能挽回樂手們的信任。

阿克巴國王有一天對智者比爾巴說：「倘若國王們都能得到長生不老的秘方，那麼國家就能由他們長久統治，你想如此一來不知道該有多好！」

比爾巴立即點頭回應：「陛下，你說的不錯，不過要是真能找到這種仙丹，我想如今坐在這個王位上的人恐怕還輪不到你吧？」

將這則故事與第一則故事兩相對照之下，我們也得出了一個結論：這個世界是由一雙手牽起另一雙手建造而成的，所以我們每一個人都很難離開人群獨居：換句話說，沒有人能「天上天下，唯吾獨尊」，地位再高、角色再重要，也要記得這一切是由「他人」所促成的。

你會發現身邊的人總是想躲開你嗎？又感覺到人們似乎不太服你嗎？

那麼就把自己的氣焰收一收，也改一改待人接物的態度吧！就像第一則故事中的指揮家一樣，若能多一點笑容，再來個謙卑請教的低姿態，相信樂手們不僅會給他許多好意見，甚至會心甘情願地服從他的指揮。

不要狗眼看人低，也不要看輕自己

對人要懂得尊重，對事要有專業的態度，不要用有色眼睛視人，更不要狗眼看人低。

某天，毛拉正準備趕赴一場餐會。一如往常，他的穿著仍然是簡單普通，讓人覺得有些寒酸。

也因此，毛拉一踏進會場，僅管他手上有邀請函，卻沒有人上前和他打招呼，甚至連宴會主人的態度也非常冷漠。

毛拉看了，便偷偷溜回家，換上一身華貴的服裝再重回會場。這一次，主人和其他賓客們熱情寒暄，主人甚至還邀他坐上首席！

桌上擺滿了珍饈美味，毛拉不慌不忙地揚起了袖子，接著竟是拉著袖口親近桌上的食物，說道：「請隨便吃點兒吧！」

「毛拉，你這是在做什麼呀？」看見毛拉這個舉動，沒有人不感到詫異，紛紛好奇地問道。

毛拉笑著說：「哦，今日這場盛宴，各位只看重穿著華麗的人。所以我想你們應該是想『請衣服用餐』，不是嗎？」

先不論上則故事中主人與賓客的態度，一般人確實習慣從一個人的外表穿著作爲第一印象的判斷觀感。所以，要是你明知道自己出席的是場盛會，卻偏要穿一雙夾腳脫鞋，一身邋遢地出現，該檢討的其實是你自己，不懂自重的人又如何能得人尊重？

當然，這不是要我們非得身穿華服示人，更不是要我們一身珠光寶氣，但是，至少要把自己好好整理一下，以合宜的裝扮出現。

若基本禮儀都做到了，服務者卻仍以「品牌」分級服務，那麼我們大可像毛拉一樣，用諷刺的方式好好給他們一個機會教育。

某一天，毛拉來到澡堂洗澡。誰知工作人員的態度非常冷漠，服務非常不周到，態度甚是輕慢。

臨走時，毛拉掏出了十個錢幣作為小費，工作人員一看，受寵若驚，連連鞠躬道謝，這是他第一次展現笑容與熱情的態度。

過了一個星期，毛拉再去洗澡。這次可忙壞了那個工作人員，只見他又是遞毛巾，又是點煙送茶的，服侍得無微不至，簡直把毛拉當皇帝般伺候著。

臨走時，毛拉卻只給了他一個錢幣的小費。

工作人員一看立即變臉，怒氣沖沖地質問毛拉：「喂，上次你給了那麼多小費，怎麼這次只給一丁點兒？」

毛拉摸了摸頭，聳了聳肩，笑著說：「哎呦！是這樣的，上回我給錯了，這次我補給，只是前後調換一下罷了。」

工作人員不解地問：「什麼意思？」

毛拉笑著說：「道理很簡單。我今天給的是上次的小費，而上次給的是這次的小費，明白吧！這樣才對，不是嗎？」

利用「小費」教訓，確實讓人體會深刻！現實生活中，我們都有過相同的經驗，這個故事不是要教我們如何報復或給對方教訓，而是要告訴我們，對人要懂得尊重，尊重別人就是尊重自己。

人和人互動，總是有人會以對方的身分地位或以財富多寡區分等級。當我們也有這樣的念頭時，何不將心比心，想一想同樣的情況若是發生在我們身上，自己是否能接受？

不要用有色眼睛視人，更不要狗眼看人低，很多時候，其貌不揚的人總隱藏著卓越的長才，穿著平凡普通的人口袋裡常藏了可觀的財富！

用幽默的方式面對人事物

帶著寬廣心，用幽默的方式面對這個世界的人事物，我們自然就會感受到心的寬闊，也能理智地面對眼前的無限世界。

你覺得這個世界到底有多大呢？

若不從精準的科學角度去思考，從我們的人生經驗和智慧去省思，這宇宙的大小想來在不同人的心中各自不同吧！

有一次，有人問霍加：「霍加，在這兒你算是個有點學問的人，我想請你解答一個疑問，請你說一說，這個世界到底有多大？又是多少尺寸呢？」

霍加聽完問題，靜靜地想著如何回答，就在這個時候，正巧有個送殯行列從他們身旁經過。

霍加好奇地轉頭過去看，忽然，只見他指著棺材說：「喏，躺在棺材裡的那個人，肯定會給你一個最好的答案，去問他吧！因為，他剛剛測量過。」

地球的圓周雖然已被測量出一個數字，但如同人生一般，世界大小其實一直跟著我們的心境變化著。心寬，這個世界無論怎麼走都海闊天空；心窄，隨便跨一步便會碰壁。

換言之，想探測這個世界的大小，便得看我們選擇的角度，以及在待人處世時又是否敞開了心，如此才能看見心的寬廣。

看不見寬廣心的話，我們便得想一想，是不是滿肚子都被計較的心佔滿了，否則怎麼會不懂用幽默的方法表達自己的想法呢？

以機智幽默聞名的哈利斯是個笑話大王，總是能在幾秒鐘之內不假思索地講出一個笑話來。

這天，有位學者來拜訪哈利斯，他也聽說了哈利斯的笑話大王之名，於是向哈利斯說：「聽說你非常會講笑話，不知道你能不能說個笑話來聽聽，但是，你只能用『一句話』來表達，這應該難不倒你吧？」

哈利斯笑著說：「一句話？這『一句話』的笑話可多著，就怕我說了你完全聽不懂。」

「哈哈哈！說了我會聽不懂？這真是個大笑話啊！」那學者大笑駁斥著。

但學者笑了幾聲後，忽然發現自己竟被哈利斯耍了，只見他尷尬地呆在那老半天，想找個台階下卻怎麼也找不到，最後哈利斯拍了拍他的肩膀說：「嗯，看來你還頗有慧根的嘛！」

學者這才滿臉尷尬地說：「失敬了。」

如果有心計較，這個世界再大，在我們眼中仍會是渺小的，就像故事中的學者，有心出難題考哈利斯，等著看他因爲「一句話」而出糗的窘樣，卻未料機智的哈利斯循著學者的心機，藉由這「一句話」回應，輕鬆地點出學者自以爲是的缺陷。

當然，哈利斯也未負機智大師之名，在一番嘲弄諷刺之後，不忘爲對方緩頰，再以一句「幽默慧根」輕鬆化解了學者的窘態，經過這次交鋒，也讓他的大師之名更加穩固了。

和世界大小一樣，人的潛能有多寬廣，很難探出明確標準，但只要帶著寬廣心，用幽默的方式面對這個世界的人事物，我們自然就會感受到心的寬闊，也能理智地面對眼前的無限世界。

用對地方的機智才能發揮價值

只要不用錯地方，機智幽默總能為人帶來生活趣味；只要別用在錯誤的事情上，機智幽默一定能協助你編織出一齣精采的人生。

機智不應當用在錯誤的事件上，多數人一定都曾經歷過犯錯後心神不寧的狀態，回想起那些心慌又疑神疑鬼的時候，必然會發現，坦承犯錯比起苦困於生活不安中還來得快樂。

有一天，卡巴爬上糖棕櫚樹，準備偷吃美味的棕櫚樹汁。忽然，一陣急促的腳步聲傳來，正在樹上的卡巴遠遠便看到樹林的主人來了。

卡巴急中生智，不等主人開口責罵，連忙搶著喊道：「請問，這是通往天堂之路的最佳位置嗎？」

卡巴雖然急中生智想出了一個問題來作掩飾，但是，再巧妙的躲避遮掩，也不能抹滅企圖犯錯的眞相。就算逃過了人們的指責或法律的責罰，自己仍會在面對良心時深感不安的。

我們的機智要多用在化解生活難題上，更要能運用在勇於面對錯誤的情況中，聰明如你想必早已領悟這個道理。

當然，若是將機智用在與朋友開玩笑，也能帶來幽默的生活趣味。

這天，天空下起了雨，哈米拉走到門口，正巧看見一個鄰居拚命往家的方向跑去，哈米拉見狀，大聲問他：「你為什麼要跑啊？」

「躲雨啊！」鄰居喊道。

「什麼！」哈米拉故作驚訝地喊著。

鄰居看了哈米拉一眼，依舊急速往前奔，這時哈米接著說：「你說那什麼話？你真是不想活了吧！你怎麼能躲避真主的恩賜呢？」

鄰居一聽，只得放慢腳步，一步一步地走回家，只是這一慢，卻讓他全身都被雨濕透了。

這天，這鄰居正坐在窗前觀看雨景，湊巧看見哈米拉正急急忙忙地往家的方向跑去，超快的奔跑速度，使他身上的袍子下襬擺動得很劇烈。

鄰居不解地喊道：「哈米拉啊！難道你忘記自己說過的話嗎？你這不也是在躲避真主的恩賜嗎？」

只見哈米拉朝他揮了揮手，然後邊跑邊說：「不，我是怕踩著了真主的恩賜，所以要趕緊跑開。」

多妙的一個「別躲避眞主的恩賜」，又多機巧的一個「就怕踩著眞主的恩賜」。與其說哈米拉欺負人，不如說鄰居眞傻，竟然不懂得判斷當下情況，一味聽信哈米拉所說的話，才會淋了一身濕！

如果不能聽出他人話裡的玄機，也看不出人們有心戲弄，又不能視當下情況變通保護自己，若要究責，其中有大半責任是得歸咎於我們自己。好像哈米拉在聽見鄰居質疑時，一派瀟灑的機智變通，爲的不就是保護自己，免於淋得一身溼？畢竟，眞主也會希望他的子民能健健康康的，不是嗎？

只要不用錯地方，機智幽默總能爲人帶來生活趣味；只要別用在錯誤的事情上，機智幽默一定能協助你編織出一齣精采的人生。

面對批評，要懂得自我肯定

> 生命本身有無可限量的爆發力與創造力，我們不應該囿限於既定的規矩之中，因為人的價值不應該來自他人的評定。

一生都努力探索繪畫世界的畢卡索，可以說將一生全都奉獻給了繪畫。創作力驚人且創意十足的他，作品千變萬化，不跟隨時尚流行，更不懂得「當下」行規，一切作品都是順應自己的心，但這也讓許多保守派人士很不能接受，一般人也認爲他的創作太過前衛。

「前衛」之名對一個創作者來說，常常是種可怕的負擔，除了會帶來無情的批評之外，許多人對於這樣的藝術家根本不願給予肯定。

不過，始終快樂沉醉在自己創作世界裡的畢卡索卻一點也不以爲意，雖因此嚐盡苦悶滋味，卻也懂得從中細細品味出難得的生活經驗。

對於人們的攻訐，畢卡索曾對朋友說：「新潮前衛的作品如今面對的攻擊比過去還多，從前的人都會正面批評，但是現在的人卻偏好從後面攻擊。」

畢卡索毫不避諱地盡吐心中苦悶，然而，多數人卻始終不能用心體會他的創作心聲。後來，有一群崇尚前衛藝術的青年朋友們，來向畢卡索請教，提出了這麼一個問題：「依照立體派的原則來畫人時，我們應該畫成圓的還是方的啊？」

畢卡索以十分威嚴的口氣回答：「自然裡哪有什麼原則啊！」

就創作的態度而言，法國思想家蒙田也曾提出與畢卡索一樣的概念。蒙田說，他不需耗費心思，而是順其自然，無論何時何地，只要腦海中一出現新的想法，都會先累積起來，然後自然地應用在適宜的作品中。

蒙田的想法正與畢卡索不謀而合，也與今天的生活概念十分契合。

現代社會的快速變化，讓人們經常面臨著「不知該怎麼適應變化」的苦境，當下有人選擇保守跟風，有些人則一味地學習模仿，看似改變，實則卻是畫地自限而不知。

生命本身有其無可限量的爆發力與創造力，我們不應該囿限於既定的規矩之中，人們怎麼看待始終是另一回事，因爲人的價值不應該來自他人的評定而是你對自己是否有絕對的自信！

一度煩悶訴苦的畢卡索，雖然曾對當下潮流，以及社會對其創作的不見容感到憤憤不平，然而他卻從未放棄自己，依然堅持「自然自我」，他的立體畫一般，正是在這樣的自我肯定下引領起風潮。

不過，據說這個獨特創新的繪畫技巧，曾經鬧出一個政治笑話。

有一回，斯特拉文斯基造訪羅馬和那不勒斯時，在旅行中結識了大畫家畢卡索，兩個人在車上接觸後即展開交談，由於相談甚歡，這讓兩個人在這個短暫的行程中很快地結為密友。

臨別前，畢卡索還特別為斯特拉文斯基畫了一幅肖像畫以作留念，不過未料卻為斯特拉文斯基帶來了麻煩。

當斯特拉文斯基準備回瑞士時，海關人員正巧抽檢到他的行李，並一眼盯上了皮箱裡的這幅立體畫作。

「咦？這上面畫的是什麼？」海關人員取出「圖畫」，並以非常嚴肅的眼光盯住斯特拉文斯基。

這樣嚴厲的眼並沒有嚇到斯特拉文斯基，只見他坦然且自豪地回答：「這是畢卡索為我畫的肖像畫。」

「怎麼可能！這看起來就像某個區域的平面圖，根本不像個人！」海關人員仍然厲聲質問著。

「是真的，這是我臉部的平面圖。」斯特拉文斯基說。

但是，不管斯特拉文斯基怎樣解釋都沒用，負責的海關人員堅持要將這幅畫作沒收，因為他們一致認定：「這其中肯定暗藏著某種戰略，這一定是張偽裝過的軍事平面圖。」

這消息傳到了畢卡索的耳裡，卻讓他十分開心：「看來，我真是個糟糕的畫家，不過倒還不失是個出色的軍事家嘛！」

如果是你，你會怎麼處理或看待這件事呢？是怒斥海關人員不懂欣賞？還是哀怨著創作的孤獨？

不受限制的創作是最具魅力的，也是件很快樂的事，不管人們怎麼解析、詮釋，只管盡情發揮自己的創意便是，然後我們就能和畢卡索一樣幽默地自我解嘲，自信面對！順其自然地發揮你的獨特性，流行風向自然就會跟你同行，仔細想想，那些被稱爲「流行教主」的人物，不正是以獨特且自然的個人特質，引領未來風潮的嗎？

先充實能力，再問機會在哪裡

> 老想著坐上成功寶座的人，先問自己到底能力累積充實了沒，又到底有什麼才能足以服眾後再說吧！

愛唱歌的哈利站在舞台上快樂歡唱，唱完之後十分興奮地回到座位，然後問朋友：「我剛剛唱得怎麼樣？」

朋友說點了點頭，說道：「唱得很好，不過……不唱更好。」

看見這則故事，不禁讓人想起小叮噹故事中的胖虎，五音不全的他很喜歡唱歌，更喜歡在大眾面前高歌，情況就好像故事中的哈利。

聽見朋友先褒後貶，想必讓哈利氣惱不已！但從另一個角度檢視，我們得說哈利是個沒有自知之明的人，正因爲檢視自己的能力不足，更要有勇氣面對人們批評，也更要省思人們的好心提醒，要是欠缺自知之明，卻又自大自負，只會讓自己一再遇上挫折，甚至一碰到難題便一蹶不起。

原因無他，這一類人很愛抱怨，他們只會埋怨懷才不遇，只會斥責環境不佳，卻從來不思考自己，更不知道要及時補強自己的不足，一如下面的約翰。

約翰大聲地對朋友說：「我底下有幾千名員工呢！」

朋友聽了，連忙向他道喜說：「哇，那你的職位一定很高囉？」

只見約翰從容不迫地說：「職位不是很高啦，只是座位挺高的！因為，我的辦公室在二十九樓。」

誇口自己的「位子」很高，看似自嘲，其實隱約間不難感受到約翰的不滿意。一個喜歡嘲弄自己工作地位的人，對於現狀總是懷著不滿的情緒，但是，不要輕忽了你我一時的情緒話，特別帶著嘲諷的玩笑話。

唯有正視自己的情緒感受，我們才能看清楚自己的需求，也唯有認眞檢視自己的心情感受，我們才能用正確的態度面對眼前的問題，時時低頭省思這些問題，我們才能眞正地找出問題的核心，順利解決問題。

人總是喜歡自命不凡，只是我們不能忘了，眞正有才能的人更懂得謙卑，因爲他們知道自己的聰明才智有限，若不適時低頭，就永遠看不見生命的智慧，也累積不了眞正的實力本事。

所以，想引吭高歌的人別急著當衆表現，先閉門認眞學習，好好地把五音不全的問題解決之後再出聲，不必等你開口要求讚美，觀衆們自然會在音樂結束時連聲叫「好」。

至於老想著坐上成功寶座的人，先問自己到底能力累積充實了沒，又到底有什麼才能足以服衆後再說吧！

輯11.

難過的時候，爲自己找個藉口

越難過的時候，越需要幽默，

當彼此的關係惡化，

不妨適時為自己也為別人找個藉口，

緩和彼此心中的那些不滿情緒！

用幽默的話語增進人際關係

幽默的話語不只可以替自己解圍，同時也是有效溝通的工具。真正聰明的人，絕對不是氣焰最盛的那個，而是懂得用幽默的方法秀出自己看法的人。

心理學家威廉・詹姆斯曾說：「幽默然不是什麼特異功能，卻能輕鬆化解原來尷尬或對立的場面。」

幽默是人際交往最好的潤滑劑，當你遭遇尷尬、對立的場面，或是不同意某些觀點，與其和對方大眼瞪小眼，甚至爭得臉紅脖子粗，倒不如適時藉由幽默的言行，巧妙地說出自己的想法，更能達成一針見血的效果。

面對別人的反對、質疑或批評，聰明的人懂得避開正面衝突，改用對方的話反諷對方，這樣既顯出自己的智慧，也讓旁觀者留下好印象。

曾擔任過加拿大外交官的賈斯特・朗寧，一八九三年出生於中國湖北省的襄樊市，直到年紀稍長，才隨著父母親回到祖國。

朗寧是個能力不錯的年輕人，事業上也有很好的成績。三十歲那年，他決心投入政治，參加議會議員的競選，想藉此施展自己的抱負，為更多人服務。當時，競爭對手們紛紛挖空心思、收集資料，就是為了打擊其他候選人，讓自己多一點優勢。

在一次競選辯論時，對手就利用他在中國出生這個事實，打算對他大作文章，加以攻擊、詆毀。對手指責他道：「你出生於中國，就是喝中國人的奶長大。你身上流的是中國人的血，根本沒資格參選。」

他們以為這枚「強力炸彈」足以把朗寧炸得體無完膚。

沒想到朗寧一點也不受影響，反而坦然應對：「根據有力人士透露，你們是喝牛奶長大的，那你們身上必定有牛的血統！」

他的話一說完，全場觀眾馬上報以熱烈掌聲，大聲叫好。

對手被搶白得面紅耳赤、啞口無言，最後朗寧在這次競選中高票獲勝。

在這方面，維斯辛基的表現也相當高明。他是蘇聯前外交部長，出生於貴族世家，是一位以能言善道著名的外交家。

在一次聯合國大會上，英國工黨的一名外交官向他挑釁：「你是貴族出身，我的祖先則是個煤礦工人。我們兩個誰才能真正代表工人階級呢？」

維辛斯基從容地從座位上站起來，踏著穩定的腳步走上講台。這時候，全場瀰漫著一股緊張氣氛，當大家都以為這位蘇聯外交部長一定會長篇大論地進行一番反駁時，卻見他平靜地掃視全場，最後看著對手說了一句話：「很不幸的，我們兩個都當了叛徒！」

出糗與批評，是每個人都沒有辦法逃避的人生考驗，敵人永遠會想辦法挖掘你的弱點，刺激你的缺陷，好讓你暴露出更多弱點，然後輕而易舉把你攻擊得體無完膚。這時候，你必須學會幽默，因爲幽默的話語不只可以替自己解圍，同時也是有效溝通的工具。

人們遇到他人的批評、攻擊時，通常第一個反應是反駁，但話一出口，就點燃了雙方的戰火。

這種情況下，即使是有理的一方，也會失去原本的優勢，因爲別人看到的是互相攻擊的醜態，而忘了是誰先點火的。

如果朗寧和維辛斯基因爲對方的言語而動怒，只會激動地辯解，這樣就正好掉入對方的圈套裡，再多的解釋也是欲蓋彌彰。但若用技巧性的言語，「以其人之道，還治其人之身」，用一種幽默又有涵義的方法反駁，不僅能讓對手被自己的話反將了一軍，更讓衆人看見自己的高EQ。

當別人擺明爲了某些目的、手段，硬是要開啓這場戰火時，最好的方法就是將衝突分解，讓目標轉移，再找出其中可用的材料爲自己加分。

眞正聰明的人絕對不是氣焰最盛的那一個，而是懂得察言觀色，能用幽默的方法秀出自己想法的人。

用輕鬆的心情面對環境

負面想法和情緒太多，最受傷害的始終是自己，事事看不順的結果，只不過讓自己困陷這些埋怨中，終致看不見希望和機會！

瑪麗很不喜歡現在住的房子，不滿地對媽媽說：「媽，為什麼我們不能住房租高一點的房子？」

瑪麗的母親回答：「孩子，別著急啦，我們很快就能住貴一點房子了。」

瑪麗一聽，開心地問：「真的嗎?什麼時候?在哪裡?」

瑪麗的母親笑著說：「就在明天，因為房東剛剛告訴我，從明天開始，這裡的房租就要漲價了！」

瑪麗媽媽的自我解嘲，或許讓人覺得苦中作樂，但是從「知足」的角度來思考，或者更能讓人學習樂觀生活的態度吧！

當眼前的際遇不如己意，與其整天唉聲嘆氣，倒不如發揮幽默感，沖淡心中的那些負面情緒。好像下面這則故事，在看似嘲諷埋怨的對話中，其實我們也看見了與眾不同的生活智慧。

法國人自嘲著說：「你不知道吧！法國國旗上的色彩有著非常重要的意思，它完美地表現我們納稅人的感情。其中，藍色代表我們賦稅季節來臨前的心情，白色則是我們收到納稅單時的臉色，至於紅色，則是我們與稅捐人員交換收據時的表情。」

美國人聽了，笑著回應說：「那有什麼？我們美國國旗才有意思呢！設計者為了突顯我們拿到納稅單之時遭受的打擊，所以才會在國旗上畫了那麼多顆星星！」

幽默式的嘲諷讓人減緩了情緒，更讓人學會面對現實的坦然，不管是臉色變化的寓意，還是滿天星星的自嘲，其中雖有些不滿情緒，但透過言語表現出來的，反而多了一點樂觀幽默的面對態度。其實，不管是房租變貴，還是稅賦制度，都是現代人無法避免的事，既然如此，我們又何必給自己那麼多不滿情緒？

想法由人，我們阻止不了別人的悲觀想像，也阻止不了他人的情緒埋怨，但可以給自己更多的正面積極念頭，給自己更多的快樂想像。只要不讓自己觀看世界的角度變得極端，少一點埋怨，也少一點不滿情緒和不滿足，自然不難發現生活美好的一面。這不是阿Q式的精神勝利法，而是因爲負面想法和情緒太多，最受傷害的始終是自己，事事看不順眼的結果，只不過讓自己困陷這些埋怨中，終致看不見希望和機會！

> 作家傑克森曾經寫道：「所有讓人『難過』的事情，通常不是事情的本身，而是我們面對這件事情的態度。」

因此，當一個人遇到讓自己痛苦難過的事情，與其整天愁眉苦臉，還不如用自嘲式的幽默「苦中作樂」。如此一來，再如何「難過」的事情，也會在「幽自己一默」當中輕鬆度過。無論對人對事，只要我們願意多想一想，用輕鬆幽默的心情面對當下的環境，就不難走過各式各樣的困境。

越會想像，就有越多選項

人生道路狀況百出，不要只懂得選取別人給的答案，思考越廣，我們越能打開自己的視野，越有更多選擇的機會。

演出季節開始後，劇院裡的人潮幾乎天天爆滿，這天，售票處又掛出一張「票已售完」的牌子。

馬克經過劇院時，見到這種盛況，不禁好奇地問一名路人：「請問，這齣戲真有那麼大的吸引力嗎？」

路人點了點頭說：「當然，因為劇中女主角頻頻更換服裝，光這點便十分吸引女性觀眾。另外，那個女主角每次都是站在台上當眾更衣，光這點就十分吸引男性觀眾啦！」

這個原因是不是讓你聽得不住大笑點頭呢?

看來古今中外皆然,人們面對相同的問題總會失焦,在這類演出當中,戲劇的張力或劇情的可看性不只沒有人在乎,有時甚至還顯得多餘。但是,換個角度深思,許多人不也和故事中大多數的觀眾一樣,觀看事情的時候老是捉不到重點,甚至還經常抓錯重點!

下面這個例子將更加讓人明白,聰明思考的重要性。

主考官正在對比利考口試:「請問,如果你開車之時,突然看到一條狗和一個人出現在前面,這時你撞狗還是撞人?」

比利毫不猶豫地回答:「當然撞狗啦!」

只見主考官搖了搖頭說:「你下次再來吧!」

比利一聽,很不服氣地問:「為什麼?我選擇撞狗有什麼不對嗎?難道你要我去撞人啊?」

「不，你應該要緊急煞車。」主考官緩緩地說。

好一個「緊急煞車」，這個看似腦筋急轉彎的例子，其實讓人更加明白生活智慧的重要，只有具備一定的智慧，才不會做出錯誤的選擇。

到底生活中什麼才是最重要的？我們在解決生活問題時，該怎麼選取才會能有最好的選擇？

這個答案並不容易解開，只要我們努力從日常生活中反省，就能得出一個最適宜自己的答案，但要記住，這個答案卻不一定適用於其他的人，其他人的答案也未必適合你。

不要人云亦云，也不要盲目跟從，每個人都要有自己的想法才行。

好像第二則故事一樣，人生道路狀況百出，不要只懂得選取別人給的答案，要多一點想像，也多一點思考，想想這三個或第四個選擇，即使它們不在人們給的選項裡頭也無妨。

因爲，越會想像就有越多選項，思考越多越廣，我們越能打開自己的視野，越有更多選擇的機會。

我們不必特立獨行，但一定要有與衆不同的企圖心，當大多數人都這麼看、這麼說的時候，我們要懂得從其他的角度中發現不同。

聰明的人不會一窩蜂，也不會只看表面現象，他們更懂抓住別人忽略的機會，爲自己創造獨一無二的成功成果。

難過的時候，為自己找個藉口

越難過的時候，越需要幽默，當彼此的關係惡化，不妨適時為自己也為別人找個藉口，緩和彼此心中的那些不滿情緒！

有人登載了一則購屋啟事，全文如下：「本人急需一間房屋，希望空間能寬敞一點，最好是能讓我的妻子住進去之後，就不再想回娘家了。附帶一提，希望房子不要太大，空間最好能讓我的丈母娘看了，不會有想與我們同住在一起的念頭……」

看完了這段廣告啓事，不知道帶給你什麼樣的想法？

夫妻間的問題十分多樣，然而不論是婆媳關係出狀況，還是夫妻不和，大體來說都是溝通出了問題，因爲彼此不肯退讓，固執地站在獨木橋上對峙，誰也不讓誰，終致變成難解的夫妻問題或婆媳問題。

好像下面這個故事，很多感情、婚姻的困擾，問題並不是出在人的部份，往往是自己的心結！

阿美忍不住問阿珠：「咦？去年遇到妳的時候，妳不是說和老公不合準備離婚？怎麼到現在還住在一起啊？」

阿珠無奈地說：「一切都得怪『意見不合』！」

阿美不解地問：「那是什麼意思？」

阿珠嘆了口氣說：「唉，因為贍養費談不攏啊！」

真的是兩人意見不合，贍養費談不攏，所以遲遲無法簽字離婚，還是根本是不想離婚的藉口？

不論當事人抱持什麼理由、藉口，我們都可從這兩則故事中找出問題。其實，人與人之間常見的麻煩事總不離「溝通」兩個字，好像第一則故事一樣，老婆不回家，本來是兩夫妻之間的問題，但最終還牽扯出了拒絕丈母娘同住，無疑說明了這個男人的自私與自我。

試想，若是溝通順暢，老婆又怎麼會一天到晚跑回家？如果多份包容心，丈母娘造訪同住又怎麼是個大麻煩？

在第二則故事中，男人女人都一樣，因爲丟不開的面子問題，所以才會用「贍養費談不攏」當藉口，回答這個讓自己尷尬的問題。

畢竟，有心分開總會想法子分手說再見，但女人爲了讓自己留下的原因更合理，於是看似不合乎邏輯的「意見不合」，竟然成了最合理的解釋，也成了男人女人繼續牽手下去的最佳理由。

但換個角度想想，或者正因爲這個「分不了」的因素，更讓他們有機會學習「包容」與「接納」彼此。

不論是小家庭、大家庭，還是一般的工作場合，想擁有無爭且和氣融洽的人際關係，最重要的不是要求別人應該怎麼退讓，而是反問自己是否願意多一點包容和寬容。因爲，不管我們如何切割分離，也切不斷與人互動的機會，更阻絕不了自己與別人交流！

不要再說因爲親近親密，所以可以少一點包容和體貼，正是因爲這層親密關係，我們才擁有更多的力量與希望，因此我們更要懂得包容體貼，一旦我們失去外援，最終仍得靠周遭親朋好友的力量支持自己再站起來。

越難過的時候，越需要幽默，當彼此的關係惡化，不妨學學第二個故事，適時爲自己也爲別人找個藉口，就算是個無厘頭的藉口，至少也能緩和彼此心中的那些不滿情緒！

與其計較，不如想想解決之道

處世不要計較那麼多，凡事多轉一轉，不要固執地糾在某個結點上苦思計較，能把問題解決才是最重要的。

埃爾和幾個工人正在碼頭裝卸貨物袋，每卸一袋，埃爾都會用粉筆在木板上劃一個符號記錄。

這時，一條流浪狗經過，忽然抬起了腿對著那個記錄板撒起尿來，轉眼木板上的粉筆記錄被沖刷得模糊不清，即使仔細看也看不清楚。

埃爾發現之後，怒不可抑地對著流浪狗大罵：「哪裡來的混帳東西，居然把這筆帳都毀了？」

這真該怪流浪狗的那泡尿嗎？還是得怪埃爾處理事情不夠嚴謹呢？

生活中像埃爾一樣的人不在少數，一遇到問題，不思考問題到底出在哪裡，卻急著追究責任歸屬，只是很多情況是，負責的對象找出來了，可是問題一樣解決不了，好像下面這個情況。

房客氣呼呼地跑來和房東理論：「我實在無法忍受了，房東先生，您這屋子為什麼老是漏水呢？」

沒想到房東聽了，卻說：「先生，這點我真的沒法子了，您才付那麼一點房租，不漏水，難道您奢想漏香檳酒不成？」

漏水的問題當然得由房東解決，然而現實生活中很多人都像故事中的房東一樣，問題很清楚地擺在眼前，但是無論是負責的人還是共事者，常常只顧著研究責任歸屬問題，卻不想怎麼「解決問題」！

想想我們自己，也想想曾經發生在你我身上的問題，當某些事件發生的時候，我們習慣先把問題解決，還是只顧著推卸責任？

團隊中，每個人都有自己的責任，少一個人負責都不行，不管領導者能力如何，既然要層層分工，便是爲了讓每人都能共擔責任也共享結果。

如果我們只顧著自己，卻不想扛起負責，那麼有再好的人才或機會，也難以得到良好的結果。

我們都知道，推卸責任容易，承擔責任困難，因而發現有人願意擔起重責，多數人都樂得推拱，樂得奉上「能者多勞」的美名，好讓自己少一點負擔，多一點輕鬆快樂的時光。

只是一切辛苦都由別人扛起，到了成功的果實結成時，難道我們不想分享品嚐果實的滋味嗎？

處世不要計較那麼多，好像第二則故事，屋子漏水了，最大的損失可不是房客，天花板不修，若是傷及房屋結構，最終還不是房東自己損失最大？同樣的，流浪狗沖刷掉記錄，該有的動作不是氣惱流浪狗的攪局，而是立刻省思這記錄方法的缺點，然後想一個更周全謹慎的方法才是。

英國傳記作家斯末萊特曾在《藍登傳》裡這麼寫道：「要根據各種狀況，仔細選擇最為可行的方法。有時候，你必須把手上的石頭丟掉，但是，有時候你又必須把石頭撿回來。」

凡事多轉一轉，找出問題的癥結，不要固執地糾在某個結點上苦思計較，能把問題解決才是最重要的。

雖然我們不必刻意地一肩扛起責任，但至少要有一些分擔責任的勇氣，畢竟團體之事若能得一個好的結果，好處我們一定享用得到。

與其揣測，不如直接提問

有任何問題、困惑，就別浪費時間猜疑推測，直接把問題提出來，請對方給個明確的答案，才不至於浪費時間和生命。

街角立著一根又粗又大的電線桿，由於正巧矗立在轉角處，導致意外頻頻，有不少人未能及時察覺，閃避不及而喪命。

這天，有個婦女帶著兒子經過這個敏感的地方，忽然想起前幾天發生的意外，血肉模糊的影像深深印在她的腦海中，讓她不自覺地拉著兒子快步前進……

「媽媽，媽媽，妳看，那電線桿上有兩個人耶！」兒子被迫加快腳步的時候，忽然興奮地對著母親高呼！

婦人一聽，渾身打顫，頭也不回地用力拉著兒子的小手，再加快腳步前進，小聲地對著兒子說：「不要亂說話！」

第二天，這件事傳遍了整個社區，甚至連電視台都跑來採訪，有記者找到了小男孩，邀男孩重回現場，以便了解事實的真相。

夜晚時分，記者與小男孩一同站在那根電線桿下，記者問小男孩：「你是在這裡看見『兩個人』的嗎？」

小男孩點了點頭，然後滿臉困惑地對記者說：「對啊，你看，那兩個人不是還在那裡，難道你看不到嗎？」

記者一聽，連忙叫攝影機往上拍……

「哪裡？」真是讓人毛骨悚然的怪事，記者看了老半天還是沒看見，這下更加確定孩子具有特異的本事。

「那裡啊！明明就在那上面！你們看，那兩個人不就在那兒！」小男孩指著那兩個「人」的位置！

大家順著孩子手指的方向看去，才發現那兩個「人」的所在位置。那不是別的，正是「交通安全，人人有責」裡的「人人」啊！

這個故事呈現了孩子的天真純粹，也嘲諷了大人和媒體的捕風捉影，跟孩子相比，顯得無知可笑。現代人看似文明進步，思考卻不見進展，對鬼怪神話的注意力竟高於交通安全。

人們總把心力浪費在一些無聊的擔心或煩惱上，就像下面凱利的暗嘲。

保羅在街上遇見凱利：「凱利，你匆匆忙忙要到哪裡去啊？」

凱利說：「我要去搭五點半的飛機。」

保羅看了看錶，笑著說：「現在才兩點半，還早得很，不用那麼緊張！」

凱利聽了，搖了搖頭說：「我知道時間還早，但是總有些人和你一樣，一看見我便問我準備到哪兒去，這些時間我也得把它算進去啊！」

如果是你，否是也會把那些回應時間算進去呢？如果是你，是否也會和那個記者一樣，專題製作電線桿上的「兩個人」問題呢？

都說時間不夠用了，就別再把時間浪費在不必要的煩惱上，也別再把心力浪費在鬼怪神說上。

既然時間不多，有任何問題、困惑，就別浪費時間猜疑推測，直接把問題提出來，請對方給個明確的答案，才不至於浪費時間和生命。

生命中還有許多值得我們探尋的未知知識，與其把心力耗費在沒有建樹性的事物上，不如用更充裕的時間和心力去追尋能改變自己與未來的目標吧！

教孩子把天分用在正當的地方

如果不想讓孩子輸在起跑點上，最好的方法是給他們一個健全且建康的心智，日後他們才懂得將自己的聰明機智用在正確的地方。

放學回家途中，有個調皮的小男孩看見河邊有一間流動廁所，居然心生歹念，想惡作劇尋開心，竟把那間廁所推進了河裡。

第二天，他再次經過那兒，卻不見廁所歸位，心裡一個轉念：「天哪，我昨天做了什麼好事？」

回到家中，男孩越想越不對，決定向爸爸坦白一切。

沒想到，父親聽完之後，當場狠狠地給了他一個巴掌。

男孩疼得眼淚猛掉，不服氣地問：「爸爸，你這樣怎麼對？當年華盛頓砍倒櫻桃樹之後，很誠實地向他爸爸承認，他爸爸不只沒罵他，還誇獎他誠實耶！我這麼誠實，你卻打我，這樣很不公平！」

「公平？兒子，華盛頓他老爸當時並沒有坐在櫻桃樹上啊！你懂不懂！」男孩父親氣憤地說。

看完這故事，想必引起不少大人們嘆息，孩子聰明本來是件好事，可偏偏許多孩子老是誤用了他們的天才，好像故事中的小男孩，對於他的誠實坦白，到底應該責罰還是給予肯定，還眞讓家長們煞費苦心。

我們再從另一組孩子的對話來思考，該怎麼面對孩子們的聰明。

教堂內正在舉行婚禮，教堂外有兩個調皮的孩子。

「眞是無聊，我們來玩遊戲！」男孩問。

女孩說：「玩什麼好呢？」

男孩說：「和新郎開個玩笑吧！」

女孩不懂地問：「開玩笑？怎麼玩？」

男孩笑著回答說：「那還不簡單！只要走到他面前，然後大聲叫他爸爸，就有好戲可以看了！」

讓人莞爾一笑的對話，卻也讓人發現，聰明且悟性高的孩子確實比較靈活，想像力也比較活潑，說他們有小聰明，一點也沒錯，說他們想像力太過，試圖「矯正」，卻又顯得苛責，一旦強制壓抑孩子躍動的心思，對天分的發展是無益的。父母親的教育態度和智慧，此時便顯得非常重要了。

聰明的孩子是敏感的，大人們得多花點心思耐心教導，不只要讓他們知道這是不對的，還要讓他們知道「爲什麼」不對。

第一則故事中的父親，給了孩子狠狠的一個巴掌，看似解決了問題，其實根本沒有，特別是後來父親加的那個理由，雖然幽默有趣，但一個「因爲老爸我在上面」的理由只會讓孩子產生誤解！

告訴孩子此舉會造成「生命危險」，比起害得「我受傷了」來得更加重要，溝通不能這麼做的原因，也比立即揮掌處罰更有教育意義。

讓孩子們明白有些玩笑不能亂開，讓他們知道「錯在哪裡」，然後再給予適當的「處罰」，效果絕對比立即給孩子皮肉上的疼痛更能讓孩子們認眞省思，並下定決心不再犯錯！

親愛的爸爸媽媽們，如果不想讓孩子輸在起跑點上，最好的方法不是要他們到處學藝，而是給他們一個健全且建康的心智，日後他們才懂得將自己的聰明機智用在正確的地方。

腦袋空空才會不懂裝懂

喜歡裝氣質的人就像東施效顰一樣，總是忽略了，仿造得再像也無法隱藏自己腦袋空空的真相啊！

圖書館管理員對館長說：「這些書實在太深奧了，那些閱讀過的人都說很難懂，幾乎沒什麼人借閱。」

館長聽了，點了點頭說：「那還不簡單。」

接著，他要求管理員們把圖書位置重新更動，然後把那些深奧的書全都集中在一塊，放在一個十分引人注意的地方。

第二天，擺放這些書的架子上多了一塊牌子，上面寫著：「這些書較深奧難懂，需要有高深學問的人才能明白。」

沒想到這牌子一放，當天下午，架子上的書便全都被借光了。

這是一個非常有效的手段，也是一個非常有趣的現象，很寫實地說明了人性中的「虛假」面，原本書安靜躺在某個角落裡不見人光顧，直到館長刻意彰顯它們的「不凡」，才挑起那些好「故作聰明」的人借閱，只是最終是否眞能帶動人們內在提升的效果，恐怕又是另一回事了。

有對男女正在對話，男人對女人這麼說：「名人都說，沒有書的房子只是個沒有靈魂的軀體。」

女人則反駁說：「喔，照這麼說，有書不讀的人便是靈魂出竅囉！」

女人絕妙地反駁，讓人不禁想起一些人的虛僞造作，例如那些喜歡把精裝套書成堆擺滿屋子，用來妝點自己的人，若問他們圖書是否翻閱了，我們不難得到否定的答案，不是嗎？

事實上，這些喜歡裝氣質的人就像東施效顰一樣，總是忽略了，仿造得再像也無法隱藏自己腦袋空空的眞相啊！

沒有人不知道知識必須踏實累積，那就像一個人的氣質，若不是眞正發自於內的，再好的包裝與僞裝，也隱藏不了內在的虛實。讀書也是如此，若不能深刻閱讀，不能廣泛思考，自然難成眞正有「高深學問」的人。

遇到那些有書不讀的人，不妨學學第二則故事，幽默地告訴他們，書不是買來裝飾自己的，一定要勤翻閱，更要勤思考，不要讓書成爲牆上的裝飾品，也不要讓自己成了知識記錄器，因爲高深的學問強裝不來，唯有融會貫通，才能將所學換成自己眞正的知識學問，才能創造未來的新知。

想創造未來的人別忘了「踏實」兩個字，深奧的書讀不來又何妨？坦白自己的領悟力不夠，需要很多人教導又何妨？最重要的是，不懂就要設法搞懂，那麼無論別人如何否定或嘲弄，都絲毫減損不了我們的才智與風采。

把自己的位置切換到別人的立場

把別人的事視為自己的事，然後常把自己的立場切換至別人的立場想想，各式麻煩、難題自然能輕鬆解決了。

世上沒有眞正無法解開的難題，除非你一心逃避。即便面對複雜的政事，只要願意多用智慧，多花點心思細想，再纏繞的結也定能解開。

在皇宮中，有一群奸臣正與國王的小舅子侯塞因閉門密謀，因為侯塞因一心想趕走比爾巴，好坐上宰相之位。

最後，他們決定請出國王的枕邊人王后去搬弄是非。

所幸，國王聽出有人想使壞心眼，也猜出是國舅爺的主意。為了讓王后認清國舅爺不適任宰相職位，更為了讓國舅心服口服，國王密會比爾巴後，接著便宣佈任命侯塞因為新宰相，不過卻有個但書。

國王對侯塞因說：「宰相大人，請你在一週內找到一個忠實的朋友和不忠於你的人，還有，請你尋找生命的汁液和味道的根，只要上述東西你都找到了，那麼這個宰相之位就永遠屬於你了。」

侯塞因答應後，便派出大批人力找尋，但是大批人馬走遍了全國，卻連一樣都沒找著，最後侯塞因不得不去向智者比爾巴求助。

比爾巴一看見侯塞因，便交給他兩個裝有水與鹽巴的盒子，然後說：「關於朋友的事，就讓我親自向國王報告吧！」

於是，國王召見比爾巴。只見比爾巴神色自若地對國王說：「世上最忠實的朋友是狗，至於最不忠實的朋友……」

說到這裡，比爾巴故意停了一下，接著才說：「是女婿！味道的根是鹽，生命的汁液是水。」

國王點了點頭，然後驕傲地看著殿前那群圖謀不軌的奸臣，侯塞因聽完比爾巴的話早慚愧地低頭，不敢正視比爾巴與國王，於是比爾巴恢復了宰相之職。

但是不久之後，國王下令要將全城的女婿統統吊死，眾人驚嚇得不知所措，最終只得把希望再次寄託在比爾巴身上。

比爾巴聽聞後，便命人連夜做好一副金絞架和一副銀絞架，第二天將這兩樣器具搬到國王面對，並對他說：「國王，這金絞架是給你使用的，至於銀絞架則是我的，因為，你和我也是自己丈母娘的女婿啊！」

國王聽了比爾巴的分析，明白地點了點頭，並立即撤銷這個殘忍的命令。

政治人事其實是實際社會的縮影，無論是在職場還是一般團體中，不免會遇到像侯塞因之類的小人。他們事事都爭強，不反省自己能力如何，老想著凌駕他人之上，時時用心計害人，但結果卻又如何？

答案其實很清楚，試想，你會喜歡那些時時說人是非、時時想盡辦法害人的伙伴嗎？應該不喜歡吧！因爲難保下一秒，他們有心陷害的人不會是我們。和這樣心胸狹隘、老想佔好處的人同行，日子恐怕過得比誰都還心驚膽跳。

再看看比爾巴過人的智慧，總能在最關鍵時刻平息風波、解除危機，從智退侯塞因，到智解「女婿」危險，充分展現了治國之相的才能，更具備了治國者應有的仁義之心。

向來以具體事物勸說國王的比爾巴，最後再以相同方法讓國王得到「反思」，在這個「相同立場」的角度中，比爾巴不必直斥國王的錯誤與不仁，而是以同爲「女婿」的角色來提醒國王，從「將心比心」的角度切入，順利換得國王的省悟，同時也挽回了衆人的腦袋。

如此智慧想必深得你心，那麼在處世待人時，你是否也願意積極培養這樣的機智解決問題，好贏得人們的心呢？方法不難，把別人的事視爲自己的事，然後常把自己的立場切換至別人的立場想想，各式麻煩、難題自然能輕鬆解決。

溝通智典

10

用幽默的方法，扭轉對方的想法

作　　者　文彥博
社　　長　陳維都
藝術總監　黃聖文
編輯總監　王　凌
出 版 者　普天出版家族有限公司
新北市汐止區忠二街 6 巷 15 號
TEL / (02) 26435033 (代表號)
FAX / (02) 26486465
E-mail：asia.books@msa.hinet.net
http://www.popu.com.tw/
郵政劃撥 19091443 陳維都帳戶
總 經 銷　旭昇圖書有限公司
新北市中和區中山路二段 352 號 2F
TEL / (02) 22451480 (代表號)
FAX / (02) 22451479
E-mail：s1686688@ms31.hinet.net
法律顧問　西華律師事務所・黃憲男律師
電腦排版　巨新電腦排版有限公司
印製裝訂　久裕印刷事業有限公司
出 版 日　2020 (民 109) 年 6 月第 1 版
ISBN◉978-986-389-723-1　　條碼 9789863897231

國家圖書館出版品預行編目資料

用幽默的方法，扭轉對方的想法／
文彥博著.—第 1 版.—：新北市,普天出版
民 109.06 面； 公分. - (溝通智典；10)
ISBN◉978-986-389-723-1 (平裝)

普 天 之 下 · 盡 是 好 書

普天出版家族
Popular Press Family

淩雲文創
A-Plus Creative Company